Die Digitale Währungsrevolution

Sebastian Schulze

Contre l'ancien régime
Ausstieg aus einem verrück gewordenen Bankensystem,
für eine gerechte und effiziente Finanzwirtschaft.

Von Sternenkontos und welligen Brieftaschen:

Wie Bitcoin, Ripple und Stellar

die Finanzwelt verändern.

License notes

Die Digitale Währungsrevolution
Copyright © 2014 by Sebastian Schulze

Buch 1 der Financial Independence Basics
von caveat emptor publishers.

Deutsche Übersetzung, Vorab-Version des Originals (The Digital
Currency Revolution, ISBN 978-1502910424), Create Space edition
2014-12-18 (ohne Bilder)

caveat ⊔ emptor

Part of the match book program. That means if you ordered the
paperback at Amazon the Kindle e-book is for free.

Sebastian Schulze

The CreateSpace ID is 5182970.
Order the paperback at www.createspace.com/5182970

ISBN-13: 978-1505628043

ISBN-10: 1505628040

KDP edition ASIN: B00R6AXYUU
Order Kindle e-book at:
www.amazon.com/dp/B00R6AXYUU

The author accepts no responsibility or liability for content that is provided under external links.

Caveat emptor publishers / Financial Independence Basics are an imprint / brand of the author.

If you have questions or any suggestion for improvement please contact the author at: **euauthor@gmail.com**

Disclaimer – Risiko Warnung

Wie die Risikowarnung der Bitstamp Börse es bereits darlegt:

"Der Handel mit Waren und Produkten, real oder virtuell, als auch mit virtuelle Währungen birgt erhebliche Risiken. Preise können und werden an einem bestimmten Tag schwanken. Durch solche Preisschwankungen, kann der Wert Ihrer Vermögenswerte steigen oder (erheblich) sinken. Jede Währung - virtuell oder nicht - unterliegt starken Schwankungen in Wert und kann sogar wertlos werden. Es besteht ein Risiko, dass (Total-)Verluste infolge von Kauf, Verkauf und Handel am Markt auftreten.

Bitcoin-Handel birgt auch besondere Risiken. Im Gegensatz zu den meisten anderen Währungen, die von Regierungen oder anderen juristischen Personen oder von Rohstoffen wie Gold oder Silber gedeckt und gesichert sind, ist Bitcoin eine einzigartige Art "Fiat" Währung, welche durch Technologie und Vertrauen gesichert ist. Es gibt keine Zentralbank, die Korrekturmaßnahmen ergreifen könnte, um den Wert von Bitcoins in einer Krise zu schützen."

Alle Inhalte in diesem Buch dienen ausschließlich Informationszwecken. Vernachlässigen Sie niemals Ihre eigene Sorgfaltspflicht bevor Sie irgend etwas investieren.

Der Autor dieses Buches bietet zu keinem Zeitpunkt Beratungsdienstleistungen oder die in diesem Buch beschriebenen Finanzinstrumente an. Der Autor ist auch nicht Partner oder Schöpfer einer in diesem Buch genannten Börsen / Handelsplätze oder Währungen. Der Autor ist kein eingetragener Anlageberater oder Broker.

Der Handel am Finanz- und Devisenmarkt ist mit hohen Risiken und möglichem Totalverlust der Investition verbunden. Investieren Sie kein Geld das Sie nicht verlieren dürfen. Verluste können in einer sehr kurzen Zeitspanne auftreten. Die Investition in und den Handel mit jeder Digitalwährung birgt Risiken einschließlich, aber nicht ausschließlich: der Veränderung der politischen, rechtlichen oder wirtschaftlichen Bedingungen, welche den Preis oder die Liquidität der Börsen, Märkte, etc. wesentlich beeinflussen können. Es gibt keine Garantie, dass digitale Währungen und Bezahlprotokolle nicht von Regierungen verboten werden oder "über Nacht" verschwinden.

Vor der Entscheidung, an einem Markt teilzunehmen prüfen Sie bitte sorgfältig Ihre Ziele, Ihre Erfahrung und das damit verbundene Risiko welches Sie eingehen. Digitale Währungen bieten (gegenwärtig) begrenzte Rechtsicherheit und eine hohe Marktvolatilität.

Bei der Anlage in virtuelle Währungen seinen Sie hiermit gewarnt vor der Möglichkeit eines Totalverlusts aller Ihrer Einlagen. Ich kann nicht garantieren, dass ein Leser welcher auf Grundlage der bereitgestellten Informationen handelt finanziell in irgend einer Art profitieren wird.

Alle Entscheidungen zu handeln oder nicht, auf Grundlage der Informationen in diesem Buch ist im Bereich der alleinigen Verantwortung des Lesers. Bitte konsultieren Sie vor jeder Anlageentscheidung weitere Literatur und entsprechende Experten des neuen Systems (grundsätzlich immer eine dritte Meinung einholen).

Der Autor übernimmt keine Verantwortung oder Haftung für die eigenständigen Handlungen des Lesers oder anderer dritter Parteien.

Besonders ist zu beachten, dass das Senden von Geld und anderen Vermögenswerten durch Block-Chain basierte Währungen und Protokolle in den meisten Fällen keine Möglichkeit der Rückerstattung bietet wenn z.B. die Adresse an die das Geld gesendet wurde falsch war oder sich als nicht vertrauenswürdig herausstellt.

Auch sei der Nutzer auf seine Pflicht hingewiesen potentielle (Kurs-)

Gewinne entsprechend den Gesetzen des jeweiligen Landes anzuzeigen und eventuell zu versteuern.

As the Bitstamp exchange's risk warning is putting it[1]:

"The trading of goods and products, real or virtual, as well as virtual currencies involves significant risk. Prices can and do fluctuate on any given day. Due to such price fluctuations, you may increase or lose value in your assets at any given moment. Any currency - virtual or not - may be subject to large swings in value and may even become worthless. There is an inherent risk that losses will occur as a result of buying, selling or trading anything on a market.

Bitcoin trading also has special risks not generally shared with official currencies or goods or commodities in a market. Unlike most currencies, which are backed by governments or other legal entities, or by commodities such as gold or silver, Bitcoin is a unique kind of "fiat" currency, backed by technology and trust. There is no central bank that can take corrective measure to protect the value of Bitcoins in a crisis or issue more currency."

All content provided in this book is for information purposes only. Do your own due diligence before investing in anything.

This author is not offering any services or financial tools described in this book. I am not affiliated with any exchange or currency creator. I am not presenting myself as a registered investment advisor or broker dealer.

Trading in the financial and currency market involves high risk of possible complete loss of investment. Do not trade with or invest money you cannot afford to lose. Losses might occur in a very short period of time. Investing in and trading with any digital currency entails risk including but not limited to changing political or economic conditions that may substantially affect the price or

---

[1] [https://www.bitstamp.net/risk-warning/]

liquidity of exchanges, markets, etc. There is a chance that digital currencies might be outlawed by governments or fail and disappear "overnight".

Before deciding to participate in a market carefully consider your objectives, level of experience and the risk involved. Digital currencies (currently) entail limited regulatory protection and a high market volatility.

When investing you are advised to factor in the possibility that you could sustain a total loss of all your funds. I do not guarantee that readers acting upon any suggestion mentioned or discussed will anyhow profit financially.

All decisions to act or not to act upon any suggestions or information given in this book is the sole responsibility of the reader. I strongly implore you to consult other literature and experts and so get a third opinion before making any kind of investment decision.

I will not be held responsible or liable to readers or any other parties for losses that may be sustained from reading this book and trying to invest and trade with the described methods in the described currencies or other assets.

Especially be aware that in sending money and other assets through block chain based currencies and protocols in most cases there is no way to get your money back (no refund, charge back, etc.) if the address the money was sent to was wrong or proves untrustworthy.

"The subprime crisis revealed a simple fact, that is, **that finance is nothing but a fraud** [...] fraud **in terms of arbitrage**, a trading strategy seeking to profit from a difference in the prices of an asset in two different markets: "As it has turned out, finance was the **arbitrage of knowledge gaps** between **those who know** [those in the financial industry] and **those who don't** [the public], **not arbitrage between markets**, and this fact has been revealed." [...] financial market insiders [...] had known this all along, but now that the **fraudulent nature of finance** had been disclosed, [...] **no further innovation in financial technologies would be possible.**"[2]
Hirokazu Miyazaki citing a senior securities trader

Or something like that was the assumption that the **general public and politicians alike had learned from the damage of the crises.** Perhaps it was to be expected, that the financial sector would have to deal with **more stringent legal requirements** relating to complex financial products and manipulations. Such **assumptions and hypothesis naturally proved foolish**, nearly 6 years later **everything seems to be 'back to normal'** and what is very wrong about it: **no one cares.**
Sebastian Schulze

---

[2] Miyazaki, Hirokazu: Arbitraging Japan: Dreams of capitalism at the end of finance, University of California Press, Berkley, 2013, ISBN 978-0-520-27347-4, p 1

"Die Subprime-Krise hat eine einfache **Tatsache aufgedeckt**, nämlich, daß die **Finanzindustrie nichts anderes ist als Betrug** [...] Betrug in Bezug auf Arbitrage, einer Handels- und Finanzstrategie welche darauf aus ist aus einer Differenz der **Preise eines Vermögenswertes in zwei verschiedenen Märkten** zu profitieren: "Wie es sich herausgestellt hat, **operiert die Finanzindustrie** mit einer **Arbitrage (der Ausnutzung) von Wissenslücken zwischen denen** [die in der Finanzbranche], **die wußten und diejenigen** [die allgemeine Öffentlichkeit] **die nicht wußten**, also **keine Arbitrage zwischen den** Märkten (und Preisen), wie die Fakten der Krise offenbart haben. [...]" Eingeweihten der Finanzindustrie [...] war dies die ganze Zeit bewußt, aber jetzt, da **die betrügerische Natur der Finanzindustrie offen gelegt** worden waren, [...] wären **keine weitere Innovationen auf dem Gebiet der Finanzmarkttechnologien** mehr möglich." Zitat eines leitenden Wertpapierhändlers (securities trader) wiedergegeben von und durch Hirokazu Miyazaki

So oder ähnlich war die **Vermutung**, daß die allgemeine **Öffentlichkeit und Politik aus den Schäden der Krisen etwas gelernt hätten,** vielleicht auch das die Branche bald mit strikteren **rechtlichen Auflagen in Bezug auf komplexe Finanzprodukte und Manipulationen** zu rechnen habe. Solcherlei Hypothesen wiederspricht die Realität, bald 6 Jahre später scheint **alles wieder beim Alten** zu sein und das Schlimme: **Es kümmert keinen.**
Sebastian Schulze

Sebastian Schulze

Inhalts-Überblick

Inhalts-Verzeichnis

Sebastian Schulze

1 Vorwort

1.1 Der Leser

Dieses Buch richtet sich an Leser die Kontrolle über ihre eigenen Bank- und Finanzgeschäfte erlangen wollen und dadurch große (und in Zukunft komplette finanzielle) Unabhängigkeit von den Finanz- und Kreditinstituten alter Strickart zu gewinnen in der Lage sind.

Es handelt sich um die althergebrachten Finanz-, Kredit- Bankinstitute welche dem Kunden mehr als nötig in Gebühren, Kommissionen, Zinsen, laufenden Gebühren und Provisionen abnehmen dann aber doch ab und zu wieder einmal auf Kosten der Steuerzahler gerettet und ausgelöst (bail-out) werden müssen oder ihre Regierungen zur Aufnahme höchster Bürgschaften veranlassen.

Dieses Buch erläutert die wegweisenden (und alles althergebrachte über den Haufen werfenden) Eigenschaften der dezentralen Block-Chain-Technologie am Beispiel dreier digitaler Währungen und Zahlungsprotokolle. Durch den Vergleich und die Interpretation wie das althergebrachte Bank- und Finanzgeschäft funktioniert bzw. nicht funktioniert (und wo die Problem liegen) soll dem Leser erklärt werden: Warum er oder sie anfangen und einsteigen möchte in etwas das Anfangs oft als "Hype" verschrien wurde aber sich nun nach mehr als 6 Jahren Praxiserprobung als die Realität einer echten Revolution erweist welche in der Bank- und Finanzwelt (vornehmlich in den Geschäftsbereichen Überweisung, Devisen, Handel und Buchhaltung, etc.) keinen Stein auf dem Anderen lassen wird.

Sie haben vielleicht schon von Bitcoin (und Ripple oder Stellar) gehört und sind um ein tieferes Verständnis der Eigenschaften dieser Zahlungssysteme bemüht, welches über die schlichte Schwarz-Weiß-Malerei oder übliche Verteufelung hinausgeht (durch Personen und Institutionen welche Ihnen weiterhin gern Gebühren und Kommissionen berechnen möchten)? Sie möchten Einblick gewinnen und neue Funktionen und Möglichkeiten erkunden, dann ist dieses Buch wie für Sie geschaffen.

Sie hören zum ersten Mal über diesen neuen aufstrebenden Banken- und Überweisungsstandard und sind sich nicht sicher, ob Sie sich an so einem neuen System beteiligen sollen oder nicht? Auch dann ist dieses Buch für Sie. Dieses Buch klärt auf, denn es handelt sich um keinen "Hype" oder eine Mode welche morgen wieder verschwindet. Die Finanzwirtschaft hat zweifelsfrei eine echte Revolution ihrer eigenen Nutzer an der Hand. Wie auch schon PayPal zuvor demonstrierte hat die traditionelle Finanz- und Bankenwirtschaft es über lange Zeit versäumt sich denen durch das Internet veränderten Rahmenbedingungen und der technischen Innovation, vor allem aber den Wünschen seiner Kunden anzupassen. Wo PayPal aver seinen Frieden mit den traditionellen Banken gesucht und gefunden hat, geht Bitcoin einen Schritt weiter und macht diese (theoretisch) komplett überflüssig.

Sie sind einer jener Kunden, der sich von der eigenen Bank vorgeführt fühlt? Sie wollen einfach nur aussteigen aus dem "wahnsinnigen System" eines offensichtlich scheiternden Banken und Finanzsystems welches fest integriert und gebunden ist an inflationäre Währungen und politischen Entscheidungen hinter verschlossenen Türen? Dieses Buch kann Ihnen als praktischer Leitfaden dienen genau diesen Ausstieg zu beginnen.

Sie sind oder führen ein kleines oder gar ganz großes Unternehmen, das des öfteren mit ausländischen Geschäftspartnern zu tun oder Tochtergesellschaften im Ausland hat und wollen für den einfachen internationalen Transfer von Geld, für die einfache Begleichung von Rechnungen, etc. keine räuberischen Wechsel- und Bankgebühren mehr in Kauf nehmen. Dieses Buch hat die Antwort.

Sie möchten als Privatperson oder Institution in digitale Währungen (wie Bitcoin) oder den alten nationalen Währungen (wie US-Dollar oder Yen und anderen) oder auch in Metallen wie Silber, Gold und

Platin handeln, investieren, bzw. sich gegen Wechselkurs- und Preisschwankungen absichern? Die Ripple und Stellar Zahlungsprotokolle sind wie für sie geschaffen. Dieses Buch beschreibt, wie Sie Konten und "virtuelle Brieftaschen" (Wallets) mit Ripple und Stellar erstellen und als integrierte Handelsplattformen zum Kauf und Verkauf von Devisen, Edelmetallen und anderen Vermögenswerten oder Ressourcen in ihrem vollen Potential ausschöpfen.

Egal wie viel oder wie wenig Sie glauben über Bitcoin und die anderen neuen digitalen Zahlungsprotokolle zu wissen dieses Buch zeigt auf, wie Sie am meisten von diesen neuen dem zukünftigen Standard der Bank- und Finanzbranche profitieren.

Sie haben Bedenken betrogen oder beraubt zu werden? Dieses Buch hat ein gesondertes Kapitel, das aufzeigt wie Sie Ihre Wallets und Online-Konten selbstverantwortlich absichern können, wie Sie sicher mit so viel oder wenig persönlichem Risiko agieren und Handel treiben wie Sie es für angemessen halten.

Haben Sie den Mut Ihre eigene Bank zu sein! Umgehen sie alle Mittelsmänner und eliminieren alle ungerechtfertigten Kosten aus Ihrer Bilanz!

1.2 Gliederung

In der Einleitung (Kapitel 2) pflüge ich ganz grob schon einmal durch die allgemeinen Eigenschaften der Block-Chain und darauf basierender Währungen und Zahlungsprotokolle. Dabei gehe ich auch (kurz) auf bahnbrechende Aspekte der Funktionsweise von Bitcoin, Ripple und Stellar ein und möchte bereits hier einige Hauptvorteile gesondert hervorheben (das sind Open Access, dezentrales und verteiltes Netzwerk, digital, verschlüsselt, fälschungssicher, Überweisung in Echtzeit, geringste Kosten aller verfügbaren Systeme, stabil, unparteiisch, unbeeinflußbar, keine Rückabwicklung von Überweisungen).

Ich werde das Kapitel 3 zu den Bitcoin, Ripple und Stellar Protokollen an sich so kurz wie möglich zu halten. Zum einem gibt es viele gute "Ultimate Guides", "101", "Einführungen" und unverzichtbare "Manuals" usw. "Mastering Bitcoin" von Herrn Antonopoulos[3] ragt als eine technische Beschreibung der Protokoll-Funktionen von Bitcoin gegenüber den anderen Beschreibungen heraus und empfiehlt sich vor allem Lesern welche zumindest einige Grundkenntnisse in einer Programmiersprache haben.

Zweitens erwägt der Verlag Caveat Emptor bereits die Veröffentlichung separater Bücher und Einführungen zu den einzelnen Währungen und Protokollen (den großen Börsen und Handelsplattformen des neuen Systems) in der Reihe **Financial Independence Basics** um das gesamte Ökosystem der modernen digitalen Währungen und Dienstleister abzudecken.

Meines Wissens wurde noch kein Buch veröffentlicht, das sich mit Ripple und Stellar als Handels- und Zahlungsplattformen beschäftigt. Deshalb ist es auch ein Ziel von Kapitel 3 zu erklären, worin sich Ripple und Stellar voneinander und von Bitcoin unterscheiden.

Kapitel 4 "Wie Sie sich vor der größten Risiken zu schützen" bietet eine Erläuterung der größten Risiken welche dem Nutzer neuer Block-Chain Währungssysteme auflauern und wie man sich am Besten davor schützen kann.

Kapitel 5 erörtert im Detail die Probleme des althergebrachten Finanz- und Bankensystems (legacy system) und Warum Block-Chain basierte digitale Währungen gegenüber herkömmlichen Währungen und Zahlungssystemem weit überlegen sind.

Die Kapitel 7 bis 9 bieten zusätzliche Ressourcen, einschließlich einer

---

[3] Andreas Antonopoulos diente als Leiter des Anti-Poverty Ausschuss der Bitcoin-Stiftung und als Chief Security Officer bei der Firma Blockchain.info. Sein Buch "Mastering Bitcoin" finden Sie unter [http://www.amazon.com/Mastering-Bitcoin-Unlocking-Digital-Crypto-Currencies/dp/1449374042]

Bibliographie, Linkliste und Details von Börsen (Exchanges) und Gateways.

Je nach dem welches Kapitel Sie interessant finden können direkt dort anfangen zu lesen, dieses Buch folgt keiner strickten aufeinander aufbauenden Reihenfolge.

Wenn Sie einfach nur Ihr Wissen vertiefen oder auffrischen möchten finden Sie am Ende dieses Buches auch ein Glossar der wichtigsten Schlüsselwörter in Deutsch und auf Englisch.

Sie möchten sich erst mal einen generellen Überblick verschaffen, dann empfehle ich Ihnen auch die Video-Link-Liste am Ende des Buches.

1.3 Vorkenntnisse und Voraussetzungen

Sie benutzen dieses Buch bitte nicht um alle Ihre Ersparnisse oder die Ihrer Familie zu verspielen oder falsch zu investieren. Sie verstehen, dass der Autor dieses Buches kein Finanzexperte oder Anlageberater ist und dass dieses Buch nur zu Informationszwecken dient. Zu keiner Zeit gebe ich finanzielle oder Anlageberatung. Sie verstehen, dass alles was Sie sich entscheiden, zu tun oder "nicht zu tun" - und in Bezug auf das Thema dieses Buches und der darin enthaltenen Informationen - auf Ihre eigene Verantwortung geht und ein potentielles Risiko darstellt.[4]

Zum Verständnis der in diesem Buch erläuterten Konzepte und Informationen benötigen Sie ein Minimum an Vorwissen und etwas gesunden Menschenverstand in Bezug auf die Funktionsweise der Wirtschaft und des Finanzsystems im Allgemeinen. Wenn Sie glauben noch nicht so weit zu sein empfehle Ich Ihnen das Buch "Economix" von Goodwin et al (siehe Literaturliste) welches auch in deutscher

---

[4] Verlasse die selbstauferlegte Unmündigkeit. Lasse die untreuen Verwalter und inkompetenten Vormünder einfach zurück. Wenn du nicht bereit bist deinen eigenen Verstand zu nutzen, ist dieses Buch nichts für dich.

Übersetzung verfügbar ist.

Auch sind einige praktische Fertigkeiten in Bezug auf das Internet und das „normale" Banksystem erforderlich. Idealerweise haben Sie bereits erfolgreich traditionelle Online-Banking-Systeme verwendet oder etwas Online (im Internet) mit einer Kreditkarte gekauft (zum Beispiel dieses Buch). Mit Vorkenntnissen von PayPal oder anderen Internet-Zahlungssystemen möchte Sie der Autor dieses Buches bereits als technisch versierten (und über-qualifizierten) Power-User einordnen. Als unteren Kenntnisstand zur Anwendung dieses Buches sollte das Benutzen, Versenden, Empfangen von E-Mails gelten.

Wie dieses Buch veranschaulichen möchte, ermöglichen die Bitcoin und Ripple / Stellar Protokolle Zahlungsverkehr und Handel, international, online, in fast Echtzeit viel einfacher und kostengünstiger (in Bezug auf Zeitaufwand und Gebühren) als alle anderen traditionellen und althergebrachten Systeme welche heutzutage von der Finanzwirtschaft und den Banken verwendet werden. Sobald Wallets, bzw. Online-Konten eingerichtet sind erfolgt das Senden und Empfangen von Geld so einfach wie das Versenden und Empfangen von E-Mails (ohne das eine traditionelle Bank und deren Gebühren oder ein kostspieliges Kreditzahlungssystem zwischengeschaltet und beteiligt werden muß).

2 Einführung – Von Klebemark, Ost-Mark, D-Mark, Euro und Bitcoin

2.1 Besser als Euro, Dollar und Yen zusammen

"Heutzutage haben viele Menschen das Vertrauen in die Finanzinstitute denen wir seit Jahrhunderten vertrauen verloren. Einige unserer größten Banken sind gescheitert und existieren nicht mehr. Die Überlebenden Banken benötigten massive Rettungsaktionen (bail-outs, Rettungsschirme, Regierungsbürgschaften). Bürgerinnen und Bürger in einigen Ländern haben ihre gesamten Ersparnisse verloren, und zahlen für die gescheiterten (geheimen) Entscheidungen ihrer Regierung. Und diejenigen normalen Sparer welche unerwartet doch ungeschoren davon gekommen sind finden sich konfrontiert damit das der Wert ihrer Ersparnisse von einem konstanten Wertverlust und (scheinbar) unaufhaltsamer Geldinflation aufgezehrt wird. Unser Finanzsystem ist überfällig für einen Neustart." Annonym[5]

"Es ist unbestritten, dass die Aktionen (als auch die Untätigkeit) der Finanzmarktexperten, [...] zu katastrophalen wirtschaftlichen Schäden geführt hat. Aber wie sollen wir diese Tatsache kritisch beantworten?"[6], fragt Hirokazu Miyasaki in seinem Buch "Arbitraging Japan: Träume des Kapitalismus am Ende der Finanzwirtschaft ".

"Burn the banks": Egal was Banken, Versicherungen, Finanzberater, Hedge Fonds, Finanzräuber und Waffen der finanziellen Massenvernichtung Ihren Land und Ihre Lieben angetan

---

[5] Paragraph adapted from BitSharesX [https://bitshares-x.info/about.php] summarizing the rational for digital currencies and block chain based payment processing.
[6] Miyazaki, Hirokazu: Arbitraging Japan: dreams of capitalism at the end of finance, University of California Press, Berkley, 2013, ISBN 978-0-520-27347-4, p 6

haben.Vergeltung ist nicht die richtige Antwort ist, weder ist es aber lange darüber zu theoretisieren und spekulieren, wie eine richtige Kritik (Kritische Beantwortung) aussehen würde. Im Gegensatz zu Miyasaki's Annahme ist alles wieder beim Alten und es gibt noch immer „Innovationen"[7] auf den Gebiet der Finanzmarktechnologien. Ich spreche aber von Innovation welche keine Fortführung der alten Wege und Ideen ist - also nicht die Schaffung von immer komplexeren Derivativen und Finanzprodukten (die möglicherweise gefährlich sind, aufgrund ihres zweischneidigen Charakters). Nein, ich meine die Block-Chain Technologie als einzig positiv störende Innovation (in Sinne von anders machen und besser) welche dieses Buch vorstellt und welche definitiv nicht von den Finanzmarktexperten entwickelt wurde noch einer akademischen Wissenschaft oder einer großen Wirtschaftstheorie entspringt. Die durch die Block-Chain Technologie ausgelöste kommende Währungsrevolution hat ihren Ursprung und wird getragen von "normalen Menschen" wie du und ich welche sehen und verstehen das der einzig gangbare Weg ist „den Drachen der regelmäßig unseres Städte und Dörfer verbrennt das Futter zu entziehen" und einfach „mit den Füßen abzustimmen" (also in unserem Fall mit dem Geldbeutel).

Es gibt nicht wenige Autoren die behandeln das Thema unter dem Titel "Millionär bis Weihnachten". Doch jeder Versuch reich zu werden solange es das System erlaubt und auf Kosten aller anderen und der Gesellschaft als Ganzes ist keine akzeptable Strategie. Leider gibt es nicht wenige solcher "Schnell reich werden" Systeme welche versuchen in dieser turbulenten Anfangsphase der digitalen Währungsrevolution vom Unwissen anderer Nutzer zu profitieren. Dieses Buch bietet kein Abonnement oder narrensicheres System reich zu werden, statt dessen versucht dieses Buch den Leser davon zu überzeugen in eine Idee zu investieren: Die Idee, dass ein anderes,

---

[7] that is not somehow a continuation of the old ways of creating complex derivative products (that are potentially dangerous, because of their "dual use value")

stabileres und gerechteres Finanzsystem möglich ist.

Seit langen scheint das aktuelle westliche Finanzsystem für Spekulation, Gier und Instabilität zu stehen. Wer in digitale Währungen investiert mit dem Ziel kurzfristiger Gewinne versteht nicht worum es eigentlich geht, begeht den gleichen Fehler kurzfristiger Spekulation. Das Versprechen der neuen digitalen Währungen und Zahlungssysteme liegt nicht so sehr in ihrem möglichen Kurs- und Spekulationsgewinn sondern in ihrer Eigenschaft Menschen miteinander zu verbinden und so Handel auf wirklich globalen Märkten zu ermöglichen mit allem was man sich vorstellen kann und in einer Weise, die nicht auf der Autorität des alten Systems (l'acien regime) beruht oder die Unterordnung von Menschen unter solches erfordert.

Dieses Buch handelt davon den ersten Schritt zu tun, einfache grundlegende, praktische Maßnahmen zu ergreifen welche die Macht haben unsere heutige Finanz- und Geschäftswelt (ja sogar die Politik) zum Besseren zu verändern.

2.2 Länder die nicht mehr existieren – Währungen an die sich keiner mehr erinnert

Der Autor dieses Buches wurde in einem Land geboren, das nicht mehr existiert (die Deutsche Demokratische Republik, das bessere Deutschland, wie es sich gern selbst verklärte, was es aber in vielerlei Hinsicht nicht wirklich war). Sein Verschwinden ging weitgehend unbemerkt von der westlichen Finanzwelt über den Tisch.[8] Seine Währung, die (ostdeutsche) Mark wurde nie viel außerhalb des

---

[8] Man möchte im Rückblick fast meinen es erfolgte in der Form eines „leveraged buyout" was aber dann gänzlich das basis-demokratische Wagnis einiger Bevölkerungsteile (und Montagsdemonstrationen) vernachlässigen würde. Und gemessen an der finanziellen und wirtschaftlichen Stärke des Erwerbers (acquirer) und der Schwäche und Verschuldung des Erworbenen mußte dann doch nicht wirklich übermäßig stark gehebelt werden.

Landes verwendet, und hörte natürlich auf zu existieren, als die DDR sich der der Bundesrepublik Deutschland anschloß. Meine zweite Währung, die (West-) Deutsche Mark, wurde dann bald zugunsten meiner jetzt dritten Währung – des Euro - aufgegeben.[9] Ich habe deshalb keine Berührungsängste mit digitalen Währungen. Auch wenn man vermuten muß das einige von ihnen keine 40 Jahre durchhalten.

Die D-Mark galt weithin als harte Währung und als ein Zeichen wirtschaftlicher Stärke (des westdeutschen Wirtschaftswunders schlechthin). Einige Bürger Deutschlands sehen den Euro als weichere Währung und machen diesen für die derzeitige wirtschaftliche Schwäche (Deutschlands bzw. der Eurozone) verantwortlich. Was dabei vernachlässigt wird ist das der Geldwert der D-Mark von 1950 bis 1977 allein um 56% gefallen ist[10] und seine reale Inflation meist höher war als die des Euro gegenwärtig ist.

Blicken wir noch etwas weiter zurück: Seit Beginn des Ersten Weltkrieges haben die verschiedenen Regionen in Deutschland mehr als acht verschiedene von Regierungen ausgegebene Währungen[11] und mehrere offizielle Zahlungsmitteln (und nicht offiziellen Währungen) kommen und gehen sehen. Es handelte sich um offizielles Geld, Notgeld, Eisenbahngeld, Stempel und Rationsbücher, Papiergeld (bestempelt mit "wertbeständig" oder

---

[9] Neuerdings erlebt die Mark übrigens eine Wiederauferstehung in digitaler Form als Deutsche „eMark" (DEM) [http://www.deutsche-emark.org/] – Zukunft ungewiss

[10] Hans Roeper: Die D-Mark – Vom Besatzungskind zum Weltstar. Societäts-Verlag, Frankfurt a. M. 1978, ISBN 3-7973-0322-X, S. 282.

[11] Um den Krieg bezahlbar zu machen gab Deutschland im Jahre 1914 den Goldstandard als Währungsbasis auf. Um die Schulden welche durch den Krieg gegen ein kleines Agrarland in Südost-Asien angehäuft wurden leichter abzutragen verließ auch die USA die teilweise Deckung des US-Dollar durch Gold im Jahr 1972. Mehrfach haben Regierungen dieser Welt Kupfer und Silber Münzen und Pfennige zurückgezogen (bzw. deren Zusammensetzung und Legierung verändert) da der Materialwert (das Silber, Kupfer) dieser Münzen ihren offiziellen Tauschwert zu übersteigen drohte.

beklebt mit Aufklebern) sowie auch verschiedene Privatgeld Experimente wie z.B. dem Wära.

Bresciani-Turroni bemerkt zur Situation (in Bezug auf nicht-offizielle Währungen in den Zeiten der deutschen Hyperinflation)[12]: "Illegale Zahlungsmittel waren besonders häufig in den besetzten Gebieten anzutreffen. Es wird behauptet, dass im Herbst 1923 gut zwei tausend verschiedene Arten von Notfallgeld im Umlauf waren".

Die Bevölkerung hatte das (kollektive)Vertrauen in seine offiziele aber inflationäre Währung verloren, als Resultat kollabierte das gesamte Geschäftsleben und die Wirtschaft, bzw. viel zurück auf Tauschebene. Einige Historiker vermuten, dass es letztlich die wirtschaftlichen Schwierigkeiten waren einen Prozess auslösten der zur einer Glaubwürdigkeitskrise der noch jungen deutschen Demokratie geführt hat.

In Bezug auf das Thema Regierungspolitik und die Inflation schrieb F.A. Hayek: "[…] die Geschichte ist vor allem eine Geschichte der Inflation, und in der Regel von Inflationen verursacht durch Regierungen zum Vorteil von Regierungen"[13].

Nun was auch immer der angedachte Nutzen gewesen sein mag, für die Regierungen materialisierte sich selten längerfristiger Vorteil aus einer Geldpolitik welche auf Inflation abziehlte.

Inflation, Währungsreformen und wirtschaftlicher Zusammenbruch haben wiederholt und kontinuierlich die Leistungen und Einsparnisse von Millionen von Bürgern zu Nichte gemacht, selbst in dem Land, das heute als stärkste Volkswirtschaft Europas gilt. Eine Lehre ist,

---

[12] C. Bresciani-Turroni, The Economics of Inflation, Augustus M. Kelley, New York, 1968 reprint of 1937 edition, pp. 341–345

[13] F. A. Hayek, Denationalization of Money: The Argument Refined, Institute of Economic Affairs, 1978, p34
[https://mises.org/sites/default/files/Denationalisation%20of%20Money%20The%20Argument%20Refined_5.pdf]

dass Stabilität und wirtschaftliche Kontinuität nicht als
selbstverständlich erachten werden dürfen, sie sind eine angenehme
Ausnahme von der sonst sehr turbulenten Wirtschafts- und
Finanzgeschichte der Nationen und der Welt als Ganzes.

Die aktuellen Finanzkrisen und Skandale (Sub-Prime, Südeuropa,
Zypern, LIBOR-Fixing, um nur einige zu nennen) sind eine
Erinnerung an die Tatsache, dass selbst wenn keine direkten
Störfaktoren präsent sind (z.b. Bürgerkrieg, unmittelbare
Erschöpfung von Ressourcen, Naturkatastrophen) unserer
Finanzsektor in sich selbst instabil ist. Und könnte man den
Personen, die unser Finanz- und Wirtschaftsystem verwalten und
regieren vertrauen immer im öffentlichen Interesse zu handeln,
haben ihre Handlungen und Politik nicht immer zu entsprechenden
Ergebnissen geführt, welche dann auch im Interesse der allgemeinen
Bevölkerung waren.

Der Finanzsektor - und andere Branchen auch - werden von
Personen geführt, die auf dem Holzweg sind und in einem System
agieren, das die falschen Anreize setzt. Dementsprechend könnten
wir vielleicht zwischen guten Menschen und schlechten Systemen
unterscheiden aber mit auf Blick eine Geschichte von Bankbetrug
und Finanzkriminalität und vor allem gescheiterter Regierungspolitik
und Aufsicht steht die Instabilität und Unkontrollierbarkeit des
weltweiten Finanz- und Bankensystems nicht in Frage.

Wenn wir nur die Tatsache akzeptierten, dass eine politische
Kontrolle, Leitung und Steuerung der Finanzwirtschaft (Wirtschaft
im Allgemeinen) durch Regierungen in der Tat nicht möglich ist bzw.
die rechtliche Durchsetzung von Vorschriften (command and
control) zu teuer, langsam und unflexibel, haben wir jetzt die
Möglichkeit ein offenes, transparentes, sicheres und stabiles System
zu gestalten. Ein neues Finanz- und Bankensystem das es der
globalen Wirtschaft und den Menschen vor Ort gleichsam ermöglicht
zu florieren und zu gedeihen, sich auf Innovation und nicht die

Verwaltung von systemischen Widerstand (zu finden auf beiden Seiten) zu konzentrieren, könnte dann praktisch umgesetzt werden.

2.3 Hier kommt Bitcoin

John Normand von JP Morgan erklärt Bitcoin zur[14]: "kühnsten Währung seit dem Euro". Bitcoin und andere digitale Währungen stellen eine echte Alternative dar zu der Art wie wir gegenwärtig Geld und Wert übertragen und speichern, eine Alternative welche sich unsere Banken und Kreditkartenanbieter wünschten sie könnte wegreguliert oder einfach verboten werden. Es ist eine technologische und finanzielle Revolution, die durch die relativ einfache Erfindung der Block-Chain, eines digitalen, verteilten gemeinsamen Registers ausgelöst wird.

Während das Aufzeichnen von Waren- und Geldflüssen in einem zentralen Hauptbuch oder Register an sich nicht gerade eine neue Sache ist, sondern eine sehr alte Methode[15], ergibt sich die bahnbrechende, ja revolutionären Eigenschaft der Block-Chain Technologie aus der Kombination dieser uralten (und umsichtig, sorgfältigen) Verbuchungsmethodik (Hauptbuch) mit der globalen Netzwerkinfrastruktur, die wir täglich verwenden - dem Internet.

Durch das Internet wird das gemeinsame, verteilte Hauptbuch:

- öffentlich zugänglich (jeder kann teilnehmen und einsehen - keine Ausschluß aufgrund finanzieller oder gesellschaftspolitischer Gründe).

- in seiner Gesamtheit auf vielen Computern und Servern

---

[14] John Normand, JP Morgan, Global Rates & FX Research, 11 February 2014, "The audacity of bitcoin: Risks and opportunities for corporates and investors" (GPS-1319815-0)
[https://docs.google.com/file/d/0B0xHDZkxOzjMc0cwZFlqbGd4RzJNWkZldk p5QzBYUWFOTUhr/edit?pli=1]
[15] David Andolfatto, Vice President Federal Reserve Bank of St. Louis, 31.03.2014
[http://www.stlouisfed.org/dialogue-with-the-fed/assets/Bitcoin-3-31-14.pdf]

gespeichert (redundant, dezentralisiert, verteilt, digital, immer aktuell).

- unveränderlich, Dateneinträge können nicht geändert oder gefälscht werden. Keine Person oder Behörde kann Einträge löschen. (Wahrheit, Freiheit, politische Unabhängigkeit).

Kritiker warnen vor Betrug mit alternativen Währungen, Börsenpleiten, kriminellen Angriffen (Hacking, Cyber-Attacks) und möglichen Diebstahl. Diese Kritiker werfen teilweise sehr wichtige und berechtigte Fragen auf. Wenn man die Hauptkritikpunkte aber in ihrem vollen Umfang untersucht und z.b. den bisherigen finanziellen Schaden (und die Vor- und Nachteile für die Stabilität des Finanzsystems als Ganzes) mit einbezieht so erscheinen die Nachteile (und der bisherige Schaden welcher direkt und indirekt auf Bitcoin als Zahlungssystem zurückzuführen ist) doch als mikroskopisch, bzw. stellen sich als Kinderkrankheiten heraus. Welche Schäden und wieviel Instabilität haben die letzen Krisen des traditionellen (von den Regierungen sanktionierten) Finanzsystems verursacht? Der Schaden ist kaum zu beziffern.

Jede Infrastruktur kann mißbraucht werden, aber verbieten wir Autobahnen oder PKWs weil sich einige Leute entscheiden viel zu schnell und ohne Sicherheitsgurte zu fahren? Deshalb muss sich jede Kritik an der Block-Chain Technologie (aus Richtung des etablierten Finanzsystems) dem offenen Vergleich aller Vor- und Nachteile stellen. [16] Angesichts der hohen (individuellen und gesamtwirtschaftlichen) Kosten, der Instabilität, Fragilität und Krisenanfälligkeit des etablierten Finanzsystems erscheint es nur Recht und Billig sich mit solcher Kritik, der Plausibilität ihrer

---

[16] Die Regierungen haben sich bis heute nicht dazu entschlossen die Finanzprofis welche wissentlich die Sub-Prime – und die darauffolgende Weltfinanzkrise verursacht haben rechtlich zu belangen. Unsere Rechtssystem offenbart sich als Spiel der Ressourcenallokation (und die großen Fische wissen die Kosten ihrer Verfolgung in die Höhe zu treiben). Gerechtigkeit wird nicht allen Gesellschaftsschichten gleichsam serviert.

Argumente und der Glaubwürdigkeit derer welche von Status Quo profitieren detailliert auseinanderzusetzen.

2.4 Mein kleines Experiment

Durch Zufall und wiedermal erst sehr spät hörte ich von Bitcoin, der digitalen Währung welche auf der Block-Chain Technologie aufbaut. Andreas Antonopoulos[17] schrieb ein Fachbuch ("Mastering Bitcoin") und Lynda.com (eine Onlineschulungs- und Videolernmarke) veröffentlichte eine kurze Einführung in Bitcoin ("Up and Running mit Bitcoin"). Beide Quellen kann ich nur empfehlen als weiterführende Literatur (zusammen mit allen anderen Büchern und Quellen im Verzeichnis am Ende des Buches.

Seit dem Tag an dem Bitcoin (und die Block-Chain Technologie, welche ihr zugrunde liegt) von Satoshi Nakamoto (ein Pseudonym) erfunden wurde, haben die Möglichkeiten digitaler Währungen und ihrer jeweiligen Übertragungsprotokolle zur Lösung wirtschaftlicher, finanzieller Problemstellungen konkrete und umsetzbare Lösungen geliefert. Bitcoin hat in der Zahl seiner Anwender und Händler welche es als Zahlungssystem verwenden exponentielles Wachstum erlebt und steht nun auch vor allgemeiner Anwendung und Akzeptanz in ganz unterschiedlichen Branchen (nicht nur im Bank und Finanzenbereich).

Ich habe mich selbst auf ein kleines Experiment eingelassen und kaufte meine erste Bitcoin (natürlich zu einen viel zu hohen Kurs) und habe diese dann in einer Anwendung auf meinem Computer gespeichert. Ich war überrascht, wie einfach es war und dass ich alles ganz alleine, ohne das Haus zu verlassen oder das Ausfüllen von endlosen Formularen erledigen konnte. Eine faszinierende Erfahrung welche mich sofort überzeugt hat und mir hier als Beleg der Einfachheit der Anwendung von Bitcoin dient. Dann erst las ich mehr über Bticoin und die sich entwickelnde Landschaft möglicher

---

[17] Andreas Antonopoulos, siehe oben

Anwendungen dieser Technologie. Als "virtuelles Gold" wird sie manchmal überschwenglich von anderen Autoren und in den jeweiligen Diskussionsforen beschrieben.[18]

Durch mein kleines Bitcoin Experiment kam ich auch in Kontakt mit Ripple (die zweite Generation eines auf der Block-Chain Technologie basierend Übertragungsprotokolls) und später auch mit Stellar (noch ein anderes Protokoll, Zahlungssystem, ähnlich Ripple).

Über 520 digitale Währungen werden derzeit in großen und kleinen (online) Handelsplattformen und Börsen weltweit gehandelt. Über 30 dieser Währungen haben derzeit eine Marktkapitalisierung von über 1 Million USD und damit einen Beweis das es einen Markt für sie gibt angetreten und ersten (festen) Meilenstein erreicht. Die meisten dieser Währungen repräsentieren Weiterentwicklungen der Block-Chain Idee in ihrer zweiten und dritten Generation oder die Umsetzung völlig neuer und innnovativ abweichender Ideen. Bitcoin notiert mit einer Marktkapitalisierung von über 5300 Millionen USD. Ripple ist notiert mit einer Marktkapitalisierung von ca. 280 Millionen USD.[19]

Obwohl ich in Europa lebe, habe ich gestern den Gegenwert von rund 100 USD auf einer Ripple Börse in Neuseeland zu etwa 30% unter dem aktuellen USD Wechselkurs gekauft und dann in mein Ripple Online-Wallet (Online-Konto) übertragen.

Die Signifikanz meines kleinen Experiments ist, dass ich mein Geld auf die andere Seite der Welt und wieder zurück übertragen habe. Ich habe den Unterschied im Wechselkurs zwischen meiner Verrechnungseinheit (Ripple hat die interne Währung "XRP") und einer Fremdwährung - dem USD ausgenutzt. Ich tat dies, ohne die

---

[18] Eine List mit Links zu Diskussionsforen und Nachrichtenagenturen der Branche findet sich am Ende des Buches.
[19] Data acquired from [http://coinmarketcap.com/currencies/views/all/] at 28.10.2014

Bedeutung des Wortes "Arbitrage" zu kennen. Arbitrage ist der technische Begriff welcher von erfahrenen Händlern benutzt wird um eine solche Art von Transaktion unter Ausnutzung von Preisunterschieden zu bezeichnen).

Die Ripple Überweisung passierte fast in Echtzeit. Ripples "Blockzeit" beträgt 5 Sekunden und Anweisungen werden oft sogar noch schneller bestätigt. Um dies in Relation zu setzen die Abhebung bzw. Überweisung der US-Dollar von meinem lokalen (europäischen) Ripple-Gateway auf mein "normales" europäisches Bankkonto dauerte ca. 2 Tage (mit dem SEPA-Überweisungssystem).

Die Kosten für den Kauf und die Überweisung der Fremdwährung in mein Wallet / Online-Konto mit dem Ripple Zahlungsprotokoll waren vernachlässigbar klein. Mein lokales Gateway erhebt eine Provision von 0,5% auf Bitcoin-Handel, aber dies war kein Handel mit Bitcoins, sondern in Ripple mit XRP und USD. Ich hätte ganz und gar alle Gebühren vollständig vermeiden können, hätte ich nicht abgehoben und auf mein normales Bankkonto überwiesen.

Ich hätte auch Japanische Yen (JPY), Chinesisch Reminbi (CNY), brasilianischen Real (BRL), oder jede andere Währung oder Gold, Silber oder Platin, wie sie an den Ripple-Gateways und den Börsen in verschiedenen Teilen der Welt angeboten werden kaufen und handeln können - Vorausgesetzt ein ebenso vorteilhafter Unterschied im Wechselkurs und Preis.

Statt Handel und Arbitrage zwischen meinen eigenen Wallets und Konten an verschiedenen Märkten hätte ich mein Geld auch in Wallets (Konten) anderer Person in anderen Ländern senden können, um Waren und Dienstleistungen zu kaufen oder um in eine Geschäftsmöglichkeit zu investieren. Ich könnte mit den neuen Systemen auch die Vermittler (Börsen, Exchanges, Gateways) komplett meiden und direkt mit einer anderen Person handeln und tauschen (OTC, Direkthandel).

Bin ich ein Banker mit einer langjährigen Beziehung zu Börsen in der ganzen Welt? Bin ich ein Finanzexperte einer ausländischen Investmentgesellschaft? Nein, ich bin es nicht. Ich bin nur ganz normaler Mensch (der Typ von nebenan) der wie viele andere unverschuldet unter der großen Finanzkrise des Jahres 2009 zu leiden und dafür zu zahlen hatte. Ich besitze keine spezielle Ausbildung im Banken oder Anlagegewerbe, geschweige denn im Wertpapierhandel. Und jetzt schrieb ich sogar ein Buch über die kommende Finanzrevolution und wie alle anderen (bisher finanziell unmündigen) Menschen von dieser Umwälzung profitieren können.

Mit grundlegenden Internetkenntnissen konnte ich Geld um die ganze Welt senden, kann ich dort einkaufen wo es am günstigsten ist (wie eine große Firma) und kann letztlich meine Finanzen selbst in die Hand nehmen. Wenn ich das kann, so können Sie das auch.

2.5 Alleinstellungsmerkmale der Block-Chain Technologie

Die Alleinstellungsmerkmale der auf der Block-Chain Technologie basierenden Währungen und insbesondere Bitcoin können wie folgt zusammengefasst werden[20].

Im Gegensatz zu Gold, sind Bitcoins:

- Einfach zu übertragen (so einfach wie E-Mail senden)
- Einfach zu sichern (verschlüsselte Wallets, Konten und Anwendungsprogramme)
- Einfach zu verifizieren und zu erkennen (fälschungssicher: insgesamt 0 gefälschte Bitcoins im Umlauf)
- Einfach zu granulieren (kleinste Einheiten bis 10^{-8})

Im Gegensatz zu anderen Fiat-Währungen sind Bitcoins:

- Eingeschränkt in ihrer Bereitstellung, Maximale Anzahl ist

---

[20] [https://en.bitcoin.it/wiki/Myths]

limitiert (maximal 21 Millionen Bitcoins können erschaffen werden)

- Nicht durch eine zentrale Einrichtung gesteuert (kein Single Point of Failure)

- Nicht auf Schulden basierende Verbindlichkeiten (Value Token an sich)

Im Gegensatz zu elektronischen Fiat-Währungen sind Bitcoins:

- Potentiell anonym (pseudonym von Anfang an)

- Kann nicht durch das System selbst eingefroren werden (keine politische Steuerung)

- Schneller zu übertragen (Bitcoin: 10 Minuten Blockzeit, Ripple: 5 Sekunden)

- Billiger zu übertragen (nicht zu vergleichen mit dem traditionellen Systemen, „Ameisenhaufen + Himalaya")

Stellen Sie sich vor, wenn ich meine Filiale (einer internationalen Bank) gebeten hätte mir zu erlauben, das Gleiche zu tun (Arbitrage-Handel oder das Versenden von Geld an ein ausländisches Konto, selsbt mein eigenes, um z.B. Waren und Dienstleistungen zu kaufen).[21] Selbst wenn ich meine Bank mit rationellen Argumenten hätte überzeugen können, mir zu erlauben dies zu tun (oder wenn ich eine traditionelle Online-Devisenhandelsplattform verwendete hätte) Ich würde früher oder später auf einzelne oder mehrere der folgenden Probleme stoßen:

- Erstellung eines speziellen Fremdwährungs- oder Handelskonto (Kosten, Komissionen)

- keine Lieferung von Marktdaten in Echtzeit von meiner Bank (Blindflug)

---

[21] Wie ich selbst müsste mein Kundenberater das Wort 'arbitrage' erst mal im Wörterbuch nachschlangen.

- feste interne Wechselkurse (verdeckte Gebühren)

- zusätzliche Gebühren für den Wechsel in Fremdwährungen

- keine Zusammenarbeit, Vereinbarung oder Beziehung mit / zu einer anderen Bank auf dem Markt, wo Ich gerade tätig werden möchte, oder

- zwei oder sogar drei Sätze von Zwischenbanken (oder Zwischenhändlern)

- prohibitiv hohe Überweisungskosten und Gebühren für beide Seiten (obwohl ein und dieselbe Überweisung)

- "Eimern" von Geschäften und Aufträgen (insbesondere an Devisen Portale)[22]

Die Gelegenheit hätte sich in Luft aufgelöst, bevor ich meine Bank überzeugt hätte „sich alle diese Umstände zu machen".

2.6 Es ist Alles gut so wie es ist?

Nee is es nicht! Keine Frage, mit Kreditkarten zu bezahlen hat vielen Kunden ermöglicht international und online einzukaufen, solange der Verkäufer die jeweilige Karte akzeptiert, die Ihnen durch Ihre Bank ausgestellt wurde[23]. Doch selbst Geld akzeptieren geht mit Kreditkarten nicht da diese strikt zwischen Kunden und Händlern unterscheiden (diskriminieren). Ebenso sind sich die meisten Kunden nicht ganz bewusst, dass die Kreditkarten zusätzlich zu stehenden Gebühren meist auch noch Nutzungsgebühren veranschlagen welche

---

[22] Die meisten Forex Firmen und Onlineportale "Eimern" Kundenaufträge, d.h. akzeptieren diese ohne jemals einen echten Handel auszuführen. Sie berechnen aber Gebühren, Kommission, Zins, etc. [spreads, commissions, interest] für die „Ausführung des Handels".

[23] Die Überweisung von Mitteln ist in seiner Richtung aber festgelegt. Überweisung finden nur von Kunde zu Händler statt. Ein Kunde hat keine Wahl, selbst Empfänger zu sein. Peer-to-peer, Kunde zu Kunde Überweisungen sind nicht möglich. Die begrenzt Nutzer von Kreditkarten in ihrer Freiheit und Fähigkeit sich wirtschaftlich mit anderen auszutauschen.

bei jeder Nutzung für in- und ausländische Zahlungen anfällt.

Die Kunden werden doppelt belastet (Nutzungsgebühren und laufende Gebühren), aber es geht noch weiter. Händler welche Kreditkartenzahlungen akzeptieren möchten wird ein bestimmter Prozentsatz der Transaktion in Rechnung gestellt (Swiping Gebühren) und manchmal fallen noch zusätzliche stehende Gebühren für die Nutzung eines bestimmten Zahlungssystems und / oder die Vermietung von Zahlungsverarbeitungshardware an.

In bestimmten Märkten (z.B. Kanada) gehen so bis zu 4% oder mehr des gesamten Transaktionsvolumens im Zahlungssystem verloren (werden als Gebühren bei Kunden und Händlern erhoben). Weil die Hauptkartenherausgeber und Zahlungssystemanbieter (Visa und Master Card) "eine gleitende Skala veranschlagen", also die Kosten pro Zahlung sinken wenn das Transaktionsvolumen steigt, machen sogenannte Kleinstzahlungen (Mikrozahlungen) eigentlich keinen ökonomischen Sinn für viele Händler. Das Dilemma für Händler: die Mühe und Kosten überwiegen den Nutzen aber Kunden verlangen bargeldlos zu bezahlen und online sowieso unbeachtet wie klein das Volumen.[24]

Die Kreditkarten-Unternehmen bilden ein oft ein Duo-Pol (in einigen Ländern z.B. dominieren Master Card und Visa Card mehr als 90% der Kreditkartenmarktes) was es Ihnen möglich macht das Interesse jedes ihrer "Kunden" gegeneinander auszuspielen. Während Banken und Zahlungsprozessoren Gebühren meist durchreichen können und zusätzlich (unnötige) Zusatzleistungen anbieten (wie z.B. Versicherungen), sehen sich einfache Händler den Anbietern ausgeliefert und ihre Gewinnspannen weiter reduziert und greifen deshalb auf Zuschläge zurück. (d.h. weitere Gebühren für die

---

[24] Bargeldlos und mobil sind auch Schlagwörter der Kreditkartenindustrie. Digitale Währungen gehen noch einen Schritt weiter indem sie nicht nur Bargeld außen vor lassen sondern die traditionellen nationalen Währungen insgesamt.

Kartennutzer).[25] Der Endkunde zahlt nun dreifach.

Die Zahlungsmittelindustrie in den Vereinigten Staaten von Amerika wird auf etwa 460 Milliarden USD geschätzt.[26] Visa Card allein tätigt Transfers über 3 Billionen USD pro Jahr.[27] Man muss zugeben: das Geschäftsmodell der Zahlungsprozessoren und Kreditkartenmarken ist genial, auch wenn einzelne Kritiker es Raub nennen möchten, wie der Markt in die Enge getrieben wurde und wie Händlern und Kunden gemeinsam für genau dieselbe Zahlung belastet werden.

Der Bankenausschusses des kanadischen Parlaments berät derzeit einen Gesetzesentwurf zur Reduzierung der "höchsten internationalen Gebühren" von Visa und Mastercard in einen einzelnen Markt (Kanada). Senator Ringuette des Bankenausschusses kommentiert die Situation wie folgt[28]: "Diese Kommission [...] erhielt Beweise von Bitcoin Nutzern: in erster Linie wurde das gesamte virtuelle Währung Phänomen von Menschen ausgelöst, die absolut erledigt waren von Banknutzungsgebühren und Kreditkartengebühren. [...] Aus meiner Sicht sehe ich, dass egal ob Bitcoin oder schließlich eine andere virtuelle Währung, es ist ein innovatives Produkt, genau wie vor 40 Jahren als Visa und Mastercard begannen das „fantastic Plastic" [Kreditkarten aus Plastic] einzuführen. Es war ein innovatives Produkt. So müssen Sie sich jetzt

---

[25] Zum Beispiel Easyjet (a European budget airline) berechnet ca. EUR 8 pro Visa card Zahlung zusätzlich.
[26] Brian Kelly, The Bitcoin Big Bang: How Alternative Currencies Are About to Change the World, 2014, p71
[27] [http://bankinnovation.net/2014/10/ripple-ecosystem-expands-with-british-startup-ripula/]
[28] Mitschrift der Sitzung des Ständigen Senatsausschusses Bankangelegenheiten des Parlaments von Kanada. Englisches Original: Transcript of the Proceedings of the Standing Senate Committee on
Banking, Trade and Commerce, Parliament of Canada, Issue 15 - Evidence - October 8, 2014,
[http://www.parl.gc.ca/Content/SEN/Committee/412/banc/15ev-51627-e.htm?Language=E&Parl=41&Ses=2&comm_id=3] video available:
[http://www.youtube.com/watch?v=xUNGFZDO8mM]

dem Wettbewerb zu stellen. Aus meiner Sicht, ich bin sehr glücklich darüber."

Dank der Block-Chain Technologie, neuer Zahlungsprotokolle wie Ripple und Stellar dauern nationale und internationale Transfers, egal wie klein oder groß im Volumen nur Sekunden. Allein diese Tatsachen (Geschwindigkeit, nahezu Null Gebühren, Ignoranz gegenüber dem Volumen das übertragen werden soll, Ignoranz von Ländergrenzen, Verfügbarkeit für jeden mit Internetzugang) erscheinen nicht weniger als lebensbedrohlich für eine Branche, welche für viel zu lang und leider erfolgreich Innovation und Kundenservice aktiv ausgewichen ist.

2.7 Die digitale Währungsrevolution

Jede Branche und Industrie kann wählen sich neuen Entwicklungen anzupassen, Innovationen einzuführen oder versuchen sie zu bekämpfen. Doch wer hätte sich eine so historische Umkehrung der Rollen vorstellen können: Die normalen Kunden verlangen die Einführung neuer Technologien und die Umsetzung von kostensparender Innovationen, während die herrschenden Bankeliten höchstwahrscheinlich die Position von Maschinenstürmern einnehmen.[29]

Die Art wie Peer-to-Peer-Kommunikation und dezentraler Datenaustausch das Internet revolutioniert hat sind digitale Währungen dabei das Finanz- und Bankensystem aufzurollen. Bitcoin wird manchmal vergleichen mit dem was MP3 für die Musikindustrie war. Der Unterschied ist, Bitcoin ist ein internationales dezentrales Protokoll, das auf der Internet-Infrastruktur läuft und kein einzelnes Unternehmen (wie zum Beispiel Napster), welches in den Konkurs geklagt werden könnte.

---

[29] Weil diese technologische Innovation sich als potentiell störend erweist für eine Vielzahl von traditionellen Bankgeschäftsmodellen und Produkten bei denen Gebühren und Kommissionen nicht auf wirklich entstandenen Kosten beruhen.

Man könnte argumentieren, wir erleben nichts Geringeres als die Errichtung des ersten weltweit universell anerkannten digitalen Währungs- und Zahlungssystems auf Basis der einfachen Idee des gemeinsamen, verteilten Hauptbuchs.

Mit neuen Plattformen wie Bitcoin oder Ripple und deren Wallets und Börsen ist es bereits jetzt möglich, Gelder (international) zu transferieren und deren Ankunft innerhalb von Sekunden zu bestätigen, zu Kosten nahe Null. Aber die Technologie hat noch weitaus mehr zu bieten in Bezug auf mögliche Anwendungsgebiete außerhalb der Finanzwelt. Während Bitcoin ursprünglich als alternative Währung und "virtuelles Gold" angesehen wurde, treten die neuen Zahlungsprotokolle und alternativen virtuellen Währungen in ihrer Eigenschaft als Plattform für die Einführung einer Vielzahl von innovativen Produkten und Dienstleistungen hervor.

Die Nutzer der neuen digitalen Währungen, insbesondere der Block-Chain basierenden Währungen haben gemein die Vision einer gänzlich neuen, einer besseren und gerechteren Finanzwelt.

Eine Welt in der:

- Werte und Eigentum übertragen und gehandelt werden, ohne die Notwendigkeit einem fehlerhaften zentralisierten System (oder einer anderen dritten Partei) vertrauen zu müssen.

- Wir nie wieder Rettungsaktionen (Bail-Outs, Rettungsschirme oder Regierungsbürgschaften) für private Finanzinstitute brauchen.

- Gleiche Ausgangs-, Zugangs- und Zahlungsbedingungen für alle gelten.

- alle Transaktionen transparent sind, aber die Finanzen des einzelnen Nutzers geschützt bleiben.

- ohne willkürliche Eingriffe oder unbegründeten Ausschluß auskommt.

- jeder teilnehmen kann.

- nicht durch Grenzen, Geschäftszeiten oder
  den Lebensort beschränkt ist.

"Was wäre möglich, wenn wir diese Art von Welt zu schaffen?"
Annonym[30]

Sie haben die Wahl weiter ein fehlerhaftes System mit Ihren
Gebühren zu stützen, oder Ihre eigene Bank zu sein und Geld zu
speichern und auszutauschen (gebühren-) frei und zwischen
Gleichen. Egal wie es ausgeht eins ist sicher das weltweite Finanz-
und Währungssystem wird sicherlich anders aussehen im Jahr 2020 (6
Jahre ab jetzt).

2.8 Habe Mut, deine eigene Bank zu sein

"Bitcoin ist nicht ein neues Geld für das Internet, sondern es ist das
neue Internet für Geld, Werte und Eigentum in allen Formen.
Crypto-Währungen wie Bitcoin sind der nächste Schritt in der
Emanzipation aller Weltbürger, und tragen zu einer neuen Dynamik
für Demokratie, Gesellschaft und Wirtschaft bei. "Lykle de Vries[31]

Währung, Zahlungsprotokoll, künftige innovative Anwendungen und
Weltfinanz- und Währungsauswirkungen beiseite, das Faszinierende
an der Idee eines verteilten gemeinsamen Hauptbuchs ist, dass es
ermöglicht und trägt Demokratie, Partizipation, Meinungsfreiheit und
Vereinigungsfreiheit über Grenzen hinweg zu Menschen, denen
solche Freiheiten durch Barrieren und hohe Kosten der Teilnahme
derzeit unzugänglich sind oder verweigert werden.

„Habe Mut, dich deines eigenen Verstandes zu bedienen!", schrieb

---

[30] Paragraph adapted from BitSharesX [https://bitshares-x.info/about.php]
summarizing the rational for digital currencies and block chain based payment
processing.
[31] [http://cointelegraph.com/news/112842/bitcoin-101-understanding-the-real-
value-of-the-blockchain]

Immanuel Kant einmal. Da Bicoin und andere Block-Chain basierende Währungen und Zahlungssysteme längst über die Schwelle der theoretischen Machbarkeit hinaus sind müssen wir erklären: Habe Mut, deine eigene Bank zu sein und dich (finanziell) frei mit anderen Menschen um dich herum auszutauschen. Seien Sie mutig genug dieses Buch als Ausgangspunkt für Ihre eigene Reise in Richtung eines selbstbestimmten Lebens zu verwenden.

In den 1780er Jahren versuchte Kant die Beantwortung der Frage "Was ist Aufklärung" zu einer Zeit, als Aufklärung im wesentlichen schon bereits für rund 100 Jahre in Rest von Europa betrieben wurde[32]. In unserem Fall, ist dieses Buch ein wenig schneller. Bitcoin gibt es schon seit 2009 und Ripple (erst) seit 2012.

Viele Anwender und Kunden müssen noch die Frage, was ist Geld und müssen wir uns wirklich auf das (minderwertige, inflationäre, oft kaputte) Produkt beschränken das Banken und Regierungen dafür ausgeben. Vertraut man uns nicht, selbst zu sehen und zu denken? Vertrauen wir unserem eigenem Verstand nicht? Warum Dritte beteiligen wenn deren einziger "Beitrag" ist zusätzliche Gebühren zu veranschlagen?

Bisher gab es keine andere Möglichkeit, in der Speicherung und den Austausch von Geld, (regelmäßigen) Zahlungen oder in internationalen Überweisungen und Investitionen als Banken, Kreditkartenunternehmen und anderen Zahlungsabwickler zu bemühen. Man vertraut uns Bargeld und Kreditkartenzu handhaben und Lebensmittel im nächsten (Super-) Markt zu kaufen. Warum sollten wir nicht auch erlaubt sein in den internationalen Märkten, frei und direkt zu tauschen, Währung, Vermögenswerte, Aktien, Ressourcen, Gold, usw. zu handeln und zu investieren in Unternehmen und Geschäftsideen gleichermaßen?

---

[32] Immanuel Kant, Beantwortung der Frage: Was ist Aufklärung?, Berlinische Monatsschrift, 1784

Peer-to-Peer Technologie hat neue Wege gebahnt und zwang eine etablierte Industrie neue Geschäftsprozesse- und Modelle zu übernehmen. Kommerziell erfolgreiche Medien-Plattformen, die Streaming oder Download von Musik und Filmen zur Verfügung stellen (wie Hulu, Netflix, i-tunes, Amazon Direkt-Video und viele andere) sind die direkte Folge und Beweis der Innovationskraft, Kosteneffizienz und Kundebindung ihrer dezentralen Vorgänger.

Lange Zeit schien es unvorstellbar, dass die auf Peer-to-Peer und Streaming-Technologie basierenden Plattformen als Mainstream und Standard die Geschäftswelt aufrollen. Gesetze wurden geändert und eingeführt, einzelne Unternehmen und Personen wurden verurteilt (für etwas was ihre Väter straffrei mit Kassettenrecorder und Tonband gemacht haben), letztlich aber erwies sich das Peer-to-Peer als robuster und seine Wirtschaftlichkeit hat sich durchgesetzt.

Da sich Verbote und deren Kontrolle und Durchsetzung letztlich als ineffizient erwiesen haben bewegen sich nun die großen Studios und Inhalte-Eigentümer näher zum Markt in dem der Kunde ist. Teil dieser Bewegung wird unterstützt durch richtige Lizenzierungspolitik welche Inhalte legal online verfügbar und durch eine marktnähere Preisgestaltung. Die Lektion, dass man die Wünsche und Vorlieben der eigenen potentiellen Kunden nicht ewig bekämpfen kann war sehr schwer erlernt.

Entsprechend den bisherigen Errungenschaften der Peer-to-Peer-Technologie, handelt es sich bei der Einführung der neuen digitalen Währungen auch (ein Stück weit) um einen Prozess des Mündigwerdens, der Emanzipation des Bewußtseins (des Kunden) von einem unreifen Zustand der Unwissenheit und des unverdienten Vertrauens gegenüber einem traditionellen, autoritären System - einem System, das seine Insider und Eliten antreibt wiederholt und kontinuierlich, das Falsche zu tun.

Das heutige Finanzsystem ermutigt und fördert den Missbrauch von (Insider) Wissen und Macht zum Zwecke des privaten (und geschäftlichen) Nutzens. Konfrontiert mit gangbaren Alternativen wurde nicht nur entschieden ineffiziente, zeitaufwendige und übermäßig kostspielige Verfahrensweisen und Prozeduren fortzusetzen sondern auch Mindeststandards und grundlegende Geschäftsethik abzuschaffen und wenn nötig (weil profitabel) Recht klar zu brechen. Aufgrund falscher Anreize des Systems leiden ganze Länder und ihre Bevölkerung unter den schwersten Folgen doch die Finanzinstitute, deren „Kultur" den Schaden herbeigeführt hat werden dann auf Kosten der normalen Steuerzahler gerettet.

Es ist eine schmerzhafte Wahrheit, das zum Beispiel der normale Steuerzahler in den Vereinigten Staaten von Amerika ausgerechnet die Institutionen gerettet hat welche (im Rahmen der Sub-Prime Krise) so viele Bürgerinnen und Bürger aus ihren Häusern gehebelt haben.

Profit wird privatisiert und Risiko verwandelt sich in Schulden und Verbindlichkeiten welche einfach so sozialisiert werden. Ganze Länder sahen ihre Bonität (über Tag, mehrere Ebenen) in den Keller fallen und die ganze Last des abzuwendenden Staatsbankrots wurde über Bevölkerungsschichten entladen, die nicht logisch, moralisch oder rechtlich einen Fehler begangen oder Anteil an der Misere gehabt haben können.

Händler und Finanzinstitute fangen gerade erst an den bahnbrechenden Charakter von Bitcoin, die Block-Chain Technologie und vor allem das Ripple Zahlungsprotokoll, das es dem Nutzer erlaubt mit Allem und Allen bei nahezu Null Kosten zu handeln zu entdecken und verstehen.

Die Folgen für die traditionellen Banken und deren Geschäftsmodell sind gewaltig. Werte-Lagerung und Zahlungssystemanbieter, Börsen, Gateways, Handelsplätze, Automaten Aufsteller (ATM -> Bitcoin TM) etc. auf der Grundlage dieser neuen Zahlungsprotokolle werben Risikokapital aus der ganzen Welt in Millionenhöhe ein und versprechen Zugang, finanzielle Stabilität und Selbstbestimmung denjenigen, die vom derzeitigen System nicht als würdige Kunden angesehen werden, da sie sich nicht einmal die Preise eines normalen Bankkontos leisten könnten oder weil sie sich einfach außerhalb der Reichweite der traditionellen (veralteten) Infrastruktur befinden.

Stellen Sie sich Online-Zahlung vor welche ohne Kreditkarten geschieht bei nahezu Null Gebühren. Stellen Sie sich Mikro- und Makro Zahlungen vor über alle Grenzen hinweg, internationale Transfers und Geldumtausch von und zu den entferntesten Ländern und Regionen immer zum besten Kurs und unabhängig von Ihrem sozialen Status oder ihrer Staatsbürgerschaft. All dies geschieht bereits jetzt mit den neuen Systemen und es geschieht ohne die etablierten Banken.

Kants Essay ("Beantwortung der Frage: Was ist Aufklärung?) war eine kluge, politisch-philosophische Herausforderung welche andeutete, dass die Masse der Bevölkerung nichts anderes ist als zahmes Hausvieh gezüchtet / trainiert / konditioniert / verwaltet von untreuen Schäfern, einzig und allein damit Sie niemals in Frage stellen, was Ihnen gesagt worden ist, darüber wie die Welt funktioniert und welche Möglichkeiten sie bereithält (für den der den Mut hat den eigenen Verstand zu benutzen).[33] Der Bankkunde des traditionellen Systems befindet sich in einem Gängelwagen den er liebgeworden hat und nur ungern verlassen wird. Doch Zeit wird es selbst laufen zu lernen.

Der einzige richtige Weg, es dieses Mal besser zu machen ist Demokratie in unsere elitären und autoritären Finanzsysteme zu bringen. Dies kann jedoch nur geschehen, wenn der Kunde und Nutzer aufhört sich wie dummes Vieh behandeln zu lassen und anfängt in Frage zu stellen wie Dinge richtig und sicher getan werden (müssen). Aufklärung in finanzieller Hinsicht und Wissen um Block-Chain basierte Verfahren eröffnen die Möglichkeit Demokratie, Gerechtigkeit und Stabilität auch in unsere aktuellen Finanzinstitute

---

[33] http://en.wikipedia.org/wiki/Sapere_aude

zu tragen. Nie wieder soll finanzielle Macht in den Händen so weniger konzentriert werden.

Die folgenden Kapitel dieses Buches stellen vor und erläutern die wesentlichen Eigenschaften dreier digitaler Währungen und Zahlungsprotokolle (Bitcoin, Ripple und Stellar), insbesondere wie sie funktionieren, wie sie sich voneinander selbst und vom traditionellen System unterscheiden.

3 Drei kleine Schweinchen

3.1 Bitcoin "Glück Auf"

Funktionsweise

John Normand von JP Morgan erklärt Bitcoin zur[34]: "kühnsten Währung seit dem Euro". Während der Euro eine supranationale Währungseinheit ist, welche 18 einzelne nationalen Währungen durch die Europäische Währungsunion ersetzte, ist Bitcoin eine staatenlose, digitale, dezentrale, Krypto-Währung und Zahlungsprotokoll welche von keiner Regierungsorganisation ausgestellt oder behütet wird.

Der "Hype" um Bitcoin ist unglaublich, einige Befürworter gehen so weit darauf hinzudeuten, das während der Euro 18 nationalen Währungen ersetzt hat, Bitcoin wohlmöglich das Potential hat einige mehrere der weltweit kursierenden Währungen zu ersetzen (entweder vollständig oder zumindest teilweise im internationalen Handel zum Beispiel). In der Tat gibt es Länder wie Ecuador und die Philippinen, welche offen die Einführung (einer nationalen) digitalen Währung basierend auf der Block-Chain Technologie erwägen.

Bitcoin wird als Krypto-Währung bezeichnet weil es einen Code, einen Algorithmus zur Verschlüsselung verwendet (Krypto = Kryptographie) um damit Transaktionen zu verschlüsseln und zu sichern aber auch um die Schaffung neuer Bitcoins zu kontrollieren. Das Rückgrat von Bitcoin ist ihr Quellcode (source code). Ihr Quellcode bestimmt, welcher Algorithmus für Verschlüsselung verwendet wird (SHA256), wie die (Währungs-) Einheiten übertragen werden und wie einzelnen Netzwerkknoten und Nutzer durch das

---

[34] John Normand, JP Morgan, Global Rates & FX Research, 11 February 2014, "The audacity of bitcoin: Risks and opportunities for corporates and investors" (GPS-1319815-0)
[https://docs.google.com/file/d/0B0xHDZkxOzjMc0cwZFlqbGd4RzJNWkZldk p5QzBYUWFOTUhr/edit?pli=1]

Zahlungsprotokoll (miteinander) kommunizieren.

Der Bitcoin Quellcode und die resultierende Software wird durch eine internationale Gemeinschaft anstatt einer Zentralbank oder einem einzelnen Land oder Unternehmen erhalten. Der Bitcoin Quellcode ist öffentlich zugänglich (er ist Open Source) und "die Code-Qualität und Klarheit ist weit Kopf und Schultern über den der meisten kommerziellen Systeme".[35]

Jeder kann die Bitcoin Software installieren und ausführen, und so Teil des Bitcoin-Mienen-Netzwerks werden und Bitcoins "aus dem Berg schlagen" und so der Bitcoin-Wirtschaft zuführen (verkaufen). Recht eigenartige Bergbau-Analogien werden in Englischen verwendet um die komplexen Funktionen des Protokolls und der Software anschaulicher zu beschreiben. Falls Sie für einen Moment dachten Sie sind im falschen Buch, die Übersetzung behält die Wortwahl strickt bei.

Die Mathematische Herausforderung und Schwierigkeit und damit die benötigte Rechenpower (Hardware und Strom), die erforderlich ist, um ein erfolgreicher "Bergmann" (oder ein erfolgreiche Bergfrau) zu sein steigen im Laufe der Zeit (langfristig) an. Dieser Prozess ist bewusst so gestaltet, um die Tätigkeit des Goldabbaus und den Zugriff auf immer tiefere Vorkommen zu simulieren. Daher die Bezeichnung von Bitcoin als "Digitales Gold", und die doch recht archaische Begriffszuordnung Bergbau (mining) / Bergmann (miner)/ aus dem Fels schlagen und abbauen (to mine).

Es gibt jedoch einen tieferliegenden Zweck dieser Bergbautätigkeit als nur die Simulation der abnehmenden, aber stetigen Versorgung der digitalen Welt mit der Ausbeute von vier Goldminen. Durch die Lösung von komplexen mathematischen Gleichungen lösen und

---

[35]

http://www.reddit.com/r/Bitcoin/comments/1zb8ip/analyzing_the_bitcoinqt_source_code/cfscd4q verifizieren die Bergleute (die Netzwerkknoten des Protokolls) im Wettbewerb miteinander die Transaktionen welche über das Protokoll eingegeben werden.

Die Energie und die Rechenleistung welche verwendet werden, um die Algorithmen zu lösen, hängt davon ab, wieviel die Bitcoins am Markt wert sind. Während sich die Abbau-Schwierigkeit auf lange Sicht stetig erhöht ist sie kurzfristig flexibel genug um die Transaktionskosten (für Nutzer) und Wirtschaftlichkeit des Abbaus (für Bergleute) zu balancieren.[36]

Die Verifikation einer Transaktion findet an vielen Knoten gleichzeitig statt und resultiert in einem Konsensus der Mehrzahl der Knoten. Die auf diese Weise überprüfte und verifizierte Transaktion wird in einen Block von Transaktionen aufgenommen (also auf eine Seite ins Hauptbuch geschrieben). Blöcke werden kontinuierlich alle 10 Minuten erstellt und bilden eine Kette von Blöcken (die Block-Chain).

>>Bitcoins verlassen nie den Block<<

Alle Blöcke zusammen bilden die Kette von Blöcken (Block-Chain) welche aufeinander aufbaut und so das das gemeinsame Hauptbuch formt, das jede Transaktion von der allerersten nachvollziehbar macht. Die Block-Chain ist der eigentliche Ort, an dem einzelne Bitcoins und Teile davon mit einer (öffentlichen) Adresse[37] verbunden, und damit einem Benutzer, der sie besitzt zugeordnet werden.

Bitcoins verlassen nie das Hauptbuch und sind vom Tage an dem sie

---

[36] Brian Kelly schlussfolgert, dass, "The computing power and energy needed to solve the math problem serves as a cost to sending a false message." Brian Kelly, The Bitcoin Big Bang: How Alternative Currencies Are About to Change the World, 2014, p 53

[37] Bitcoin Adressen sind eine Folge von Zahlen und Buchstaben 24 bis 26 Zeichen lang [https://en.bitcoin.it/wiki/Address]

abgebaut werden bis zu ihrer jetzigen öffentlichen Adresse (u.U. zu ihrem Besitzer) nachvollziehbar. Die Übertragung von Bitcoins an eine andere Adresse (einen anderen Nutzer) erzwingt eine Bestätigung mit dem privaten Schlüssel (private key = Passwort) der jeweiligen Besitzers. Bitcoins werden erst nach der Bestätigung mit dem Passwort einer anderen Adresse (einem andern Nutzer) im Hauptbuch zugewiesen.[38]

Der Hauptzweck des Bergbaus ist es also, ein dezentrales Computernetzwerk aufzubauen um Transaktionen (Überweisungen) zu verifizieren. Für das Verifizieren eines Blocks (einer Seite) von Transaktionen wird der Bergmann (der einzelne Netzwerkknoten) mit Bitcoins entlohnt. Die Entlohnung folgt einem rückläufigen Ertragsplan (Minentiefe und Rechenleistung steigt kontinuierlich, Bergleute sind gezwungen effizienter zu arbeiten, wie beim Goldbergbau). Zusätzlich erhält der Bergmann eine zu vernachlässigende und freiwillige Transaktions- und Prüfungsgebühr als Anreiz um bestimmte Transaktionen schneller zu verifizieren (Priorisierung von einzelnen Transaktionen) und auch um in Zeiten wenn der normale Bergbau-Lohn zu stark zurückgegangen ist die Verifizierung von Transaktionen sicherzustellen.

Da jeder mit dem Bitcoin-Bergbau und der Verifizierung von Blöcken beginnen kann, aber der „Lohn" nur an den Bergmann ausgezahlt wird welcher als erster fertig ist haben sich Bergbau-Gesellschaften (Gilden, Pools) gebildet um ihre die Rechenleistung zu bündeln und für einen Ausgleich der ausgezahlten Renditen zu sorgen (der Lohn wird innerhalb der Vereinigung gleichmäßig verteilt).

Der eigentliche Sinn dieses ganzen Systems ist, dass durch den Prozess des Wettbewerbs der Bergleute (und Bergbaugesellschaften)

---

[38]

[http://cointelegraph.com/news/111680/btc_101_the_beginner_s_guide_to_unde rstanding_bitcoin] miteinander ein dezentrales Computernetzwerk zur Überprüfung (Verifizierung) der Transaktionen geschaffen wird welches Transaktionskosten reduziert (und gering hält) und den Zahlungsverkehr vor möglichen Betrugsversuchen (und z.B. Hacking) schützt. Selbst wenn ein einzelner Netzwerkknoten kompromittiert wäre (gehackt) und dann falsche Daten sendete, würde das Netzwerk diese "Minderheitsmeinung" einfach ignorieren.

Die automatische Art und die Sicherheit der Transaktionsüberprüfung soll hier nochmal besonders hervorgehoben werden, da sich Gerüchte und das Missverständnis halten, dass bei Bitcoin freiwillige Nutzer eine Art (ad hoc) Mehrheitswahl zu jeder Transaktion durchführen. Ja, Netzwerkknoten und Bergleute arbeiten „ehrenamtlich" in dem Sinne, dass sie nicht für ein Zahlungsabwicklungsunternehmen oder eine Bank arbeiten (angestellt sind), aber sie sind Teil eines dezentralen, kompetitiven Computernetzwerks zur automatischen Verifizierung von Transaktionen (wofür sie mit Bitcoins bezahlt werden). Die Transaktionsüberprüfung erfolgt automatisch und folgt dem sicheren und geregelten Prozess der im Bitcoin-Protokoll festgeschrieben ist.

Der Verifizierungsprozess gewährleistet, dass das gesamte Netzwerk Konsens darüber erreicht, welche (öffentliche) Adresse wie viele Bitcoins zu einem bestimmten Zeitpunkt besitzt, Beweis dafür das Konsens erreicht wurde ist die „historische" Aufzeichnung aller Transaktionen in der Block-Chain. Kein einzelner Hacker kann Bitcoins erstellen oder fälschen, da diese nur in dem gemeinsamen Hauptbuch existieren.

Jeder Bergmann verfügt über eine Kopie der gesamten Kette von Blöcken (allen Seiten des Buchs) die gesamte Block-Chain auf seinem Computer. Es ist also für seine Verifizierungsleistung als auch für das Aufzeichnen und Speichern aller vorrangegangenen (historischen) Überweisungen, dass Bergleute mit "neuen" Bitocins und Gebühren entlohnt werden.[39]

Jede Person, jedes Unternehmen mit Internetzugang kann ein Bitcoin-Nutzer werden und direkt mit anderen Nutzern Handel treiben und Bitcoins austauschen. Bitcoin schließt niemanden aus. Bitcoin schränkt den Zugriff nicht ein. Bitcoin braucht keine Vorabgenehmigung für Transaktionen oder Lizenzen zum Handel und erfordert auch keine Überprüfung der (echten) Identität des Nutzers. Das Netzwerk überprüft nur die Transaktionsdaten (d.h. grundsätzlich nur die öffentliche Adresse(n) die den privaten Schlüssel des Absenders und das Volumen und den Pfad).

Das Herunterladen und Nutzen von Wallet Programmen oder Online Apps (für verschiedene Geräte und Betriebssysteme) ist meist kostenlos. Mit der Eröffnung von Bitcoin Wallets (Konten) wird dem Nutzer eine elektronische Adresse (die öffentliche Adresse), d.h. eine "Bitcoin Kontonummer" zugeordnet und ein Passwort für dieses Konto (der private Schlüssel dazu) gegeben. Der normale Nutzer sieht diesen privaten Schlüssel selten, da meist die Wallet-Anwendung die Verwaltung aller Schlüssel übernimmt (im Fall von Multibit gesichert durch ein einfacheres Passwort mit für jedes Wallet). Dies ist im Wesentlichen alles, was benötigt wird um mit dem Bitcoin-Protokoll zu interagieren, Bitcoins zu empfangen und zu senden.

Bitcoin selbst verlangt dem Benutzer keine zusätzlichen Identitätsinformationen ab (Name, Telefonnummer, Wohnort oder IP-Adresse). Die meisten Online-Wallet-Anbieter sprechen also über Anonymität im Hinblick auf Bitcoin, während es in der Tat "nur" ein System ist das auf Pseudonymen beruht (jeder Nutzer hat eine statische öffentliche Adresse, die von jedem anderen Nutzer im gemeinsamen Hauptbuch eingesehen werden kann). Alle Transaktionen finden in der Öffentlichkeit statt und Anonymität ergibt sich nur wenn andere Nutzer nicht wissen welche Person

---

[39] In ihrer Ausführlichkeit werden Transaktionsgebühren und Bergbaulohn erläutert unter [http://bitcoinfees.com/]

hinter einer öffentlichen Adresse steht. Während die öffentliche Adresse statisch ist, kann jeder Benutzer so viele Adressen erstellen, wie er will.

>> Jedermann statt (nur) Ackermann <<

Da "Jedermann" eine Kopie der Block-Chain hat (oder diese online in Echtzeit erkunden kann), kann jeder durch alle jemals getätigten Transaktionen stöbern und sehen welche öffentliche Adresse wieviel und wohin gesendet hat. Bitcoin-Transaktionen sind leicht nachzuverfolgen jeder kann einzelnen Bitcoins nachspüren und sehen wie sie von einer öffentlichen Adresse zur nächsten wechseln.

Die Identität des eigentlichen Nutzers (hinter der Adresse) wird nicht offenbart, solange er selbst keine Informationen welche zu seiner Identifizierung taugen können an Dritte weitergegeben hat. Die Anonymität der Identität eines Nutzers geht also leicht verloren, wenn die öffentliche Bitcoin Adresse des Nutzers z.B. an Börsen (Exchanges) oder anderen Handelsplätzen mit einem traditionellen Bankkonto verknüpft wird welches in den meisten Fällen sensitive Daten enthält (z.B. Name des Kontoinhabers) oder wenn Börsen bereits bei der Registrierung solche Daten abfragen und speichern.

Eine Bitcoin Dose anlegen (Opening a wallet with clients)

Wenn Sie über Programmierkenntnisse verfügen, können Sie direkt über den Zugang zur Bitcoin-API (application programming interface) mit dem Protokoll kommunizieren oder Sie schreiben sich (mit den richtigen Befehlen und den im direkten Zugriff auf alle Funktionen des Systems) gleich ein kleines Programm, das alle Ihre Zahlungsbedürfnisse mit Bitcoin automatisiert und in bestehende Software und Systeme einbindet. Dies ist ein Vorteil von Open-Source-Protokollen und Software, wenn der Benutzer weiß wie man direkt kommunizieren kann ist dies nicht nur erlaubt sonder ausdrücklich erwünscht.[40]

Zum Vorteil des normalen Nutzers verlangt das Eröffnen eines Wallet (Bitcoin-Kontos) keine Programmierkenntnisse (mehr) oder spezielle Fähigkeiten welche über die sichere Navigation des Internet und dem Umgang mit Standard-Desktop-Programmen und hinausgehen. Die Gemeinschaft von Programmieren des Bitcoin Ökosystems hat viele verschiedene und sichere Anwendungslösungen für den „normalen" Anwender hervorgebracht. Sei haben die Wahl, einen Benutzer-Klienten herunterladen welchen Sie von ihrem Computer oder Mobiltelefon starten und ausführen können, oder ein Online-Wallet zu nutzen. Derzeit sind dies Hauptwege der Teilnahme an Bitcoin, aber viele weitere Möglichkeiten existieren und werden weiterentwickelt.[41]

Der einfachste Weg loszulegen ist es auf die Webseite der Bitcoin Stiftung zu gehen "Wählen Sie Ihr eigenes Wallet" [https://bitcoin.org/en/choose-your-wallet]. Die Website bietet Ihnen eine Auswahl von vielen verschiedenen Wallet-Anwendungen, programmiert von anderen Communities oder Unternehmen, einige von denen Open Source und dezentral wie Bitcoin, andere (rechtlich) geschützt und mit zentraler Serverstruktur welche die Transaktionen an das Bitcoin-Netzwerk weiterleitet.

Wenn Sie der "Bitcoin Philosophie" treu bleiben möchten wählen Sie wahrscheinlich ein Open-Source Programm bzw. eine Lösung mit direktem Protokoll Zugang und interner Verschlüsselung. Sie haben die Wahl zwischen Anwendungen für Ihr Mobil- und Smartphone (Android, iOS, Blackberry) oder Ihren Computer (Windows, Mac, Linux) und auch eine Auswahl an Web-Anwendungen (welche mit jedem Internet-Browser funktionieren).

Alle gelisteten Anwendungen erfüllen Mindeststandards (sind gut).

---

[40] [https://en.bitcoin.it/wiki/Raw_Transaction]
[41] [http://www.coindesk.com/information/how-to-store-your-bitcoins/]

Ich möchte hier keine generelle Empfehlung für ein einzelnes Programm aussprechen. Der Bitcoin Wiki enthält eine regelmäßig aktualisierte Liste welche die verschiedenen Aspekte und Eigenschaften der verfügbaren Lösungen vergleicht: [https://en.bitcoin.it/wiki/Clients].

Falls Sie von der Auswahl an Möglichkeiten etwas überwältigt sind aber dennoch schnell einige erste Schritte im Bitcoin Universium machen möchten, schlage ich vor Sie installieren erstmal "Multi-Bit", ein Desktop-Wallet-Programm, das wenig Speicherplatz veranschlagt und nicht erfordert, die gesamte Block-Chain mit herunterzuladen. Mulit-Bit ist für Windows, Mac und Linux verfügbar. Nach der Installation von [https://bitcoin.org/en/choose-your-wallet] können Sie intuitiv Ihre erstes eigenes Wallet erstellen. Nachdem Sie ein Multi-Bit Wallet erstellt haben, sehen sie Sie Ihre öffentliche Bitcoin Adresse, welche eine Kette von zufälligen Buchstaben und Zahlen ist und vom Programm auch als maschinengerechter QR-Code (Schwarz-Weißer „Strichkode" Punkt-Matrix) dargestellt werden kann.

Bitcoin-Adressen sind eine Kette von 26 bis 34 alphanumerischen Zeichen, beginnend mit den Zahlen 1, 2 oder 3. Quick Response-Codes (QR) sind Schwarz-Weiß-Punkt-Matrix-Bilder, welche leichter von Telefonen und anderen Computern gescannt (und gelesen) werden können und bieten zusätzliche Prüfsumme und Redundanz (entropy) zur Fehlervermeidung und ermöglichen so den sicheren Austausch von Adressen zwischen Anwendern und Programmen.

Beispiel für eine Bitcoin-Adresse[42]:

3J9Qt1lpEZ13CNmQviecSnyiWrnqRhWNLy

Beispiel für eine Bitcoin-Adresse mit Ziel-Marker (von einigen Börsen zusätzlich intern verwendete Ziel Adresse):

---

[42] Rein hypothetisches Beispiel. Bitte keine Gelder senden,

3J9Qt1lpEZ13CNmQviecSnyiWrnqRhWNLy?dt =12345

Handelsplätze und Börsen welche in Bitcoin handeln oder Konten bereistellen, können Bitcoins einer individuelle Adresse zuordnen. Einige Börsen ordnen jedoch alle Bitcoins in ein gemeinsames Konto. Die Bitcoins des einzelnen Nutzers werden dann unterschieden und zugeordnet mit einem zusätzlichen Ziel-Marker, nach der öffentlichen Adresse des gemeinsamen Kontos (z.b. "?dt = 12356").

Die öffentliche Adresse des Nutzers (mit oder ohne Ziel-Marker) ist alles, was benötigt wird, um Bitcoins zu kaufen und zu empfangen. Gratulation: Sie sind damit jetzt vollwertiger Kunde und Händler in einem. Bitcoins sind am sichersten aufbewahrt unter der öffentlichen Adresse des Nutzers (ohne Ziel-Tag und nicht in den Konten von Börsen oder Handelsplätzen).

Bitcoin Börsen

Derzeit (als dieses Kapitel geschrieben wurde) werden Bitcoins für rund 320 USD (260 EUR) an verschiedenen Bitcoinbörsen und Handelsplätzen gehandelt.[43] Diese Börsen und Handelsplätze dienen als Schnittstellen zum traditionellen Banken- und Währungssystem da sie traditionelle Währungen in digitale Währungen tauschen und traditionelle Bankkonten und althergebrachte Banksysteme zum aufladen der digitalen Wallets verknüpfen. Die meisten Börsen unterstützen eine Vielzahl von digitalen und traditionellen Währungen, handeln verschiedene Währungspaare oder wechseln diese direkt.

Durch die Eröffnung eines Kontos bei (zum Beispiel) der Bitstamp Börse wird der Nutzer in die Lage versetzt Startkapital von einem traditionellen Bankkonto durch normale Banküberweisung (SEPA)

---

[43] Werte in Echtzeit zu finden unter [http://bitcoincharts.com/] or [http://coinmarketcap.com] oder[https://winkdex.com/]

auf sein digitales Konto bei Bitstamp zu überweisen. Dort können dann die überwiesen Gelder in Bitcoins getauscht und weiterversendet werden (z.b. an die eigene öffentliche Bitcoin Adresse).

Die meisten Börsen erfordern jedoch das der Nutzer zusätzliche "Know your customer" (KYC) oder "Anti-Geldwäsche" (AML) Verfahren durchlaufen muss bevor er ein Konto eröffnen oder Einzahlungen tätigen kann. Solche Verfahren zwingen den einzelnen Nutzer, Beweise zu seiner Identität und seinem Wohnsitz beizubringen. Dies erfolgt meist in Form von Formularabfragen und durch Hochladen (JPG, PDF) von einer Ausweis- oder Passkopie und einem offiziellen Brief von Versorgungsunternehmen mit der aktuellen Anschrift des Nutzers.

Sobald Bitcoins an einer Börse gekauft worden sind sollte der Nutzer diese in sein persönliches Wallet senden (z.B. Multi-Bit). Es empfiehlt sich auch, dass für Zwecke der längerfristigen Lagerung von höheren Summen ein neue öffentliche Adresse erstellt und komplett offline genommen wird (z.B. USB-Wallet, Papier-Wallet, Mnemonic-Wallet, Hardware-Wallet).[44]

Bitcoins auf dem Konto einer Börse sind genauso wie Giro-Geld im traditionellen System eigentlich nur Schuldscheine der Börse (ein Versprechen zur Auszahlung). Nur durch die Abhebung und den Versand der Bitcoins in das Wallet des Nutzers werden die Bitcoins unter der eigenen öffentlichen Adresse des Nutzer eingetragen (im Gegensatz zu der Adresse der Börse mit Ziel-Marker) und werden erst dadurch zu einem echten unabhängigen Wertträger und Wertspeicher (value token).

Wenn am nächsten Tag alle Banken und Börsen in Konkurs gingen,

---

[44] Verschiedene Typen von Wallets sind gelistet unter: [https://en.bitcoin.it/wiki/Wallet] Ausführliche Beschreibung wie man diese sichert, findet sich unter: [https://en.bitcoin.it/wiki/Securing_your_wallet]

die Bitcoins wären noch in der Block-Chain und niemand anders sonst könnte auf sie zugreifen als der rechtmäßige Besitzer mit seinem privaten Schlüssel (Passwort / private key). Und selbst dann, ohne die Banken und Börsen (und auch ohne Regierungen) könnten Nutzer noch direkt ihre Bitcoins austauschen zum Handel von Waren und Dienstleistungen untereinander und ein effizienter Marktpreis würde sich durch diese Transaktionen bilden. Der Handel und das Wirtschaftsleben könnte selbst unter solch großen Umwälzungen in Natur und Gesellschaft weiter fortgeführt werden.

Also auch in Abwesenheit von funktionierenden Banken, Börsen und sogar Regierungen könnte die gewerbliche Wirtschaft und private ökonomische Tätigkeit noch funktionieren. Der Einfluß von politischen Krisen oder Fehlentscheidungen, sowie natürlicher Katastrophen (und auch von Kriegen) wäre weitgehend negiert.[45] Die einzige Schwäche und Abhängigkeit dieses Zahlungssystems ist, dass eine funktionierende Internetverbindung (und entsprechende Infrastruktur) benötigt wird. Es wird außerdem angenommen, dass es funktionierende Computer oder Mobiltelephone (Smart Phones) gibt sowie das Internet (oder Ad-Hoc-Netze), welche diese miteinander verbinden. Schließlich, muss um Transaktionen zu verifizieren eine ausreichende Anzahl von Bitcoin-Netzwerkknoten (Bergleute) zugänglich sein (online und „Bergbau-Software" muss laufen).

3.2 Ripple "Kontrolliertes Risiko"

Funktionsweise

Ripple und Bitcoin bauen beide auf der Block-Chain Idee auf und sind beides Krypto-Währungen dann aber doch sehr verschieden von einander. Während Ripple auch auf der Block-Chain Technologie aufbaut und ein zentrales Hauptbuch nutzt, unterscheidet es sich in

---

[45] ein Beispiel hierfür ist das Donezbecken in der Ukranie, wo mittlerweile die traditionelle Bankeninfrastruktur zusammengefallen ist. Die Menschen dort betreiben Tauschhandel oder erhalten Bitcoins von ihren Verwandten in anderen Ländern und handeln und bezahlen damit (weil es sonst keine Alternative gibt).

seiner Philosophie in Hinblick auf die Gewinnung und
Wertunabhängigkeit sehr von seinem Vorgänger Bitcoin.

Alle Ripples wurden bereits vorher abgebaut (pre-mined) und Ripple-
Transaktionen werden deshalb von einem speziellen Konsens-
Algorithmus (statt durch Bergbautätgikeit) verifiziert. Ripple
konzentriert sich darauf, eine Plattform für den Handel in beliebigen
Währungen, Werten oder Gütern zu sein (z.B. traditionelle
Währungen und auch digitale, einschließlich Bitcoin sowie
Edelmetalle und möglicherweise Ressourcen aller anderen Art) und
basiert auf der Erkenntnis, dass unser derzeitiges Finanzsystems in
Großen und Ganzen nur Einheiten der Rechnungslegung und
Versprechen diese Einheiten in eine bestimmte Form umzutauschen
umher bewegt.

Diese Einheiten repräsentieren in den überwiegenden Fällen die
Schulden und das Haftungs-, bzw. Auszahlungsrisiko von jemand
anderem. In den meisten Fällen zirkulieren wir in unserem
Wirtschaftssystem Schuldscheine und Auszahlungsversprechen.
Einigen Personen und Institutionen kann bedenkenlos vertraut
werden, das ein bestimmtes Versprechen zur Aus- bzw. Rückzahlung
solcher Schuldverschreibungen in der Zukunft auch wirklich erfüllt
wird und werden kann, doch bei Weitem sind nicht alle
Verbindlichkeiten und Versprechen desselben Typs auch gleichsam
vertrauenswürdig. Ripple (im Gegensatz zu Bitcoin) versucht nicht,
die Basis unseres aktuellen Finanz- und Währungssystems zu ändern,
sondern bietet eine schnellere, kostengünstigere und kontrollierbarere
Methode und damit einen solideren Unterbau für das derzeitige
System.

"Vielleicht ist das Wichtigste, das wir verstehen müssen wenn es um
Bankeinlagen geht, dass diese Schulden sind. Wenn Sie ihr Geld in
eine Bank einzahlen schaffen sie damit nicht wirklich eine feste
Einlage, … sondern sie leihen der Bank Geld. Die Bank schuldet
Ihnen ihr Geld. Es wird zu einer der Verbindlichkeiten der Bank

Ihnen gegenüber. Deshalb spricht man auch von Kredit(konten): Sie haben der Bank Kredit gewährt. Und falls Sie Ihr Konto überziehen oder sich von der Bank Geld leihen, dann schulden Sie dieses Geld der Bank, es wird zu Ihrer Verbindlichkeit und deren Kapital. "Richard Brown, IBM UK[46]

Das traditionelle Finanzsystem bewegt grundsätzlich nur Verpflichtungen und Zusagen (Versprechen) zur (Rück-) Zahlung umher von und durch Zentralbankkonten, kommerzielle Konten, Handelskonten und Privatkonten.

Genauso wie Bitcoins eigentlich nur in der Bitcoin Block-Chain existieren, können Ripples (XRP) im Ripple-Trade-Konto sicher verwahrt werden, aber in Bezug auf die Bewegung von Verbindlichkeiten unterscheidet sich Ripple nicht vom traditionellen System. Ripple animiert den Nutzer jedoch zu allererst darüber nachzudenken und zu prüfen, um wessen (Zahlungs-) Verpflichtungen es sich denn handelt und wer genau es denn ist dem man zur Einlösung dessen (was grundsätzlich nur Versprechen sind) vertraut.

Ripple bewegt im Wesentlichen nur Schuldscheine, die gegen seine internen Einheit dem XRP gewertet werden. Anstatt dazu verleitet zu werden (z.B. von den traditionellen Banken), dass wir beim Kauf und Verkauf von Devisen und Fremdwährung und dessen Speicherung in einem Depot oder Konto bei unserer Bank, wir wirklich eine bestimmte Währung halten ist Ripple von Anfang an geradezu ehrlich mit dem Nutzer, dass dieser jeweils (nur) Schuldscheine ausgestellt von einem Emittenten in einer bestimmten Währung (Typ) hält.

Ripple ist extrem explizit was diesem Punkt angeht. Bevor der Nutzer

---

[46] Richard Gendal Brown, Ripple is hard to understand, but it's worth making the effort: there's a deep insight at its core, at his blog "Thoughts on the future of finance" [http://gendal.wordpress.com/category/ripple/]

überhaupt anfangen kann zu Kaufen oder Verkaufen muss eine Linie des Vertrauens (line of trust) mit den jeweiligen Handelspartner (der Börse) eröffnet werden. Die Börse wird dann für den Nutzer zum Emittenten für jede Art von Schuldschein (Typ von Währung oder Wertgegenstand) dem der Nutzer traut und das er kaufen möchte. Ripple gibt jedem Anwender die volle Kontrolle über die Beziehung mit jedem einzelnen Handelspartner (Börse, Emittent) indem das System die Möglichkeit bietet das entgegengebrachte Vertrauen (line of trust) in seinem Volumen und für jeden einzelnen Typ von Schuldschein und Währung der gehandelt werden soll zu begrenzen.

Im Ripple Zahlungssystem übernimmt die interne Verrechnungseinheit (XRP) die Funktion einer „neutralen Basiswährung", welche von allen Marktteilnehmern (und Börsen) als gleichsam vertrauenswürdig akzeptiert wird. Der Nutzer ist jedoch nicht gezwungen Ripples (XRP) zu kaufen[47] um Werte und Währungen (Schuldscheine von bestimmen Emittenten) direkt zu handeln. Damit kann im Vergleich zu Bitcoin die Preisschwankung der Basiseinheit umgangen werden.

Eine Besonderheit des Ripple-Protokolls ist das „Rippling" von Schuldscheinen gleichen Typs zu erleichtern, d.h. das Protokoll kann Schuldscheine gleichen Typs (von verschiedenen Emittenten) zwischen unterschiedlichen, aber gleichermaßen bzw. ausreichend vertrauten Emittenten verschieben, um die Liquidität eines bestimmten Emittenten und Marktes zu verbessern. Diese Fähigkeit, des automatischen Verschiebens von Schuldscheinen des gleichen Typs, dorthin wo die Nachfrage am größten ist, steigert Marktliquidität (zum Vorteil aller Nutzer des Systems).

Milde gesagt: diese Funktion des Protokolls Werte gleichen Typs eigenständig zwischen Emittenten / Märkten zu verschieben ist etwas gewöhnungsbedürftig. Glücklicherweise passiert dies nicht

---

[47] Eine geringe XRP Einlage ist erforderlich um die geringen Transaktionsgebühren zu verrechnen.

automatisch, der Nutzer muss explizite Zustimmung geben. Der einzelne Nutzer behält die volle Kontrolle darüber ob „Rippling" stattfindet oder nicht. Während der Einrichtung des Vertrauensline (line of trust) über das Volumen und die Art von Schuldscheinen eines Emittenten ist das Kontrollkästchen "Rippling ermöglichen" standardmäßig deaktiviert.

Ripple-Gateways an Börsen registrieren Angebote, die Benutzer abgeben um Währungen (Währungsschuldscheine) zu kaufen oder zu verkaufen. Diese Angebote sind öffentliche Verpflichtungen eine Art von Schuldschein zu einem festen Preis zu handeln. Diese Verpflichtungen werden in das Auftragsbuch (Orderbuch) des Gateways, der Börse geschrieben. Der gesamte Auftragsbestand wird zu einem globalen Markt für Nachfragen und Angebote, der für alle Nutzer offen ist.

Die Ripple Trade Anwendung ermöglicht es jedem Nutzer Währungsschuldscheine an andere Personen auch in Form eines anderen Währungsschuldscheins zu senden, vorausgesetzt der empfangende Nutzer vertraut dem Emittenten der jeweiligen Währung.

Ripple Börsen welche Gateway-Funktionalität bieten können mit der Ripple Trade Anwendung integriert werden also in der Online Anwendung direkt als Markt hinzugefügt werden. In diesem Fall brauch der Nutzer um in diesem Markt zu handeln keine separaten Konten bei diesen Börsen eröffnen. Ausnahmen bestehen wenn der Nutzer eine bestimmte Börse bevorzugt und diese biete keine Gateway-Funktionalität oder er möchte die Börse zum Abheben (Einlösen von Schuldscheinen) benutzen um z.B. Geld auf traditionelle Bankkonten zu überweisen.

Der Nutzer kann sich beispielsweise dazu entscheiden CNY (Chinese Reminbi) zu senden, auch wenn er nur Euro-Schuldscheine oder XRP hat. Durch Ausführung des Sende-Auftrags mit dem Ripple-Protokoll wird automatisch der beste Wechselkurs für die

Transaktion ermittelt und möglicherweise der Euro-Schuldschein in andere Drittwährungen und /oder XRP gewechselt bevor dann CNY Schuldscheine ankommen. Wenn das Protokoll keine direkte Möglichkeit der Umwandlung findet, kann eine Kette von Konvertierungen durch Drittwährungen erstellt werden an deren Ende die gewünschte Zielwährung zum momentan günstigsten Preis steht welche der Markt bietet (also alle Orderbücher der jeweiligen Märkte).

Benutzer können daher das Ripple-Protokoll verwenden, um Zahlungen in Währungen anzuweisen, welche sie selbst nicht halten oder in bestimmte Währungen durch deren Währungsschuldscheine investieren. Der Wechselkurs ist immer die beste verfügbare Rate an den Gateway-Märkten. Die Transferkosten sind minimal (und dienen nur der Vermeidung von Mißbrauch durch Spam und DDoS).

Ein "Welliges" Konto anlegen und Währungen handeln

Ein Ripple-Konto (oder Wallet) wird in der Regel durch Verwendung der nativen Online-Anwendung (Ripple Trade Client) eröffnet [https://www.rippletrade.com/#/login]. Ripple Trade beinhaltet auch eine Möglichkeit zur Zwei-Faktor-Authentifizierung (2FA) des Log-in über Kurznachrichten an das Telefon des Nutzers oder eine Authentifizierungs-App für das Smartphone (für zusätzliche Sicherheit).

Durch die Eröffnung eines Kontos wird dem Nutzer eine öffentliche Ripple-Adresse zugewiesen. Wie bei der Bitcoin-Adresse sind Ripple Adressen eine Folge von Buchstaben und Zahlen. Während Bitcoin-Adressen eine Kette von 26 bis 34 alphanumerische Zeichen, welche mit den Zahlen 1, 2 oder 3, beginnen bestehen öffentliche Adressen in Ripple im Allgemeinen aus 34 Zeichen und beginnen mit dem Buchstaben "r".[48]

---

[48] [https://wiki.ripple.com/Accounts]

Ripple hat die Verknüpfung von öffentlichen Ripple-Adressen mit sogenannten Ripple Namen (gleich dem Login Namen) eingeführt. Diese Ripple Namen beginnen mit dem Tilt (~) und können ansonsten frei von jedem Benutzer gewählt werden (wenn nicht bereits einem anderen zugewiesen). Ripple Namen komprimieren die langen und komplizierten alphanumerischen Adressen in leicht zu merkende kürzere individuelle Kennungen unter Beibehaltung der vollen Funktionsfähigkeit der öffentlichen Adressen auf welche sie verlinken (ähnlich wie Domainnamen und IP-Adressen verknüpft sind). Volle Funktionsfähigkeit ausgenommen der der Prüfsumme der ursprünglichen öffentlichen Adresse und der zusätzlichen Redundanz (der QR Codes). Jeder Nutzer muss sich also bewusst sein, dass Transpositionen oder einfache Schreibfehler von Ripplenamen Gelder auf ein anderes Konto senden, das vielleicht nicht bereit ist diese zurückzuschicken.

Beispiel für eine öffentliche Ripple Adresse wie von der Ripple Trade Anwendung zugewiesen[49]:

rfe8yiXUymTPx35BEwGjhfkaLtgNsTywxT

Beispiel für eine Ripple-Adresse mit Ziel-Marker (wie von einigen Börsen intern verwendet):
rWeSsiXUymThJk3BEwQjhfkaLtgNsTyPol ?dt =12345

Beispiele für Ripple-Namen, welche auf unterschiedliche Ripple-Adressen verweisen würden:

~Mustermann, ~UmdieEckeGmbH, ~Werreitetsospät, ~Forschungsgelder, ~Frosch, ~Kreis, ~XYVerein

Börsen die Teil des Ripple Netzwerks sind können Einlagen einer individuelle Ripple-Adresse zuordnen welche neu für jeden registrierten Benutzer erstellt wird. Einige Börsen verbuchen jedoch alle Einlagen in einem gemeinsamen Konto. Die Einlagen eines

---

[49] Hypothetische Beispiele.

einzelnen Nutzers werden in diesem Fall dann unter einem zusätzlichen Ziel-Maker verbucht, welcher der öffentlichen Adresse des gemeinsamen Kontos angefügt wird (z.B."?dt =12356").

Einmal hinzugefügt können verschiedene Gateways im Menü der Ripple Trade Anwendung ausgewählt werden um dort XRP zu kaufen oder verkaufen oder Währungsschuldscheine verschiedener Währungen gegeneinander zu tauschen.

Handel bedeutet die Eintragung von Angeboten zum Kauf oder Verkauf in das Auftragsbuch des jeweiligen Gateways, das der Nutzer als Handelsplatz ausgewählt hat. Die Aufträge (Bestellungen) werden ausgeführt, wenn es eine anderes Angebot im Orderbuch (von einem anderen Händler) dem Auftrag des Nutzers (im Preis) entspricht.

Aufträge über größere Mengen können einige Zeit (10 Sekunden abwärts) beanspruchen bis sie erfüllt werden, je nachdem ob es genügend passende Angebote von anderen Händlern gibt, die dem Angebot des Nutzers in Umfang und Preis entsprechen. Größere Aufträge können auch nur teilweise ausgeführt werden, wenn der Marktpreis sich schneller bewegt als nötig gewesen wäre um den jeweiligen Auftrag zu komplett erfüllen (d.h. wenn das Auftragsbuch keine preislich passenden Angebote mehr aufführt, ein Zeichen für eine geringe Liquidität des jeweiligen Marktes). Aufträge in der Ripple Trade Anwendung sind daher Aufträge welche durch den Preis den der Nutzer zugeordnet hat begrenzt sind (in der Regel also Limit-Orders).

Wählt man im Menü statt dessen zu "Konvertieren" ermöglicht dies sofort jedes Volumen von Typ eines Schuldscheins in einen vom Nutzer bestimmten anderen Typ zu zu tauschen wobei der beste Umtauschkurs und beste Route unter allen integrierten und vertrauten Gateways und Typen automatisch gefunden wird. Konvertierungsaufträge werden immer komplett ausgeführt (Gesamtvolumen) doch der "günstigste Preis" des Konvertierungsergebnis wird mit einer ±1% Marge prognostiziert, so dass der Nutzer einen groben Richtwert des möglichen Konvertierungsergebnis erhält und diesem vorher zustimmen kann.

Senden fordert den Nutzer auf eine öffentliche Ripple-Adresse oder Ripple-Namen einzugeben an welche Mittel gesendet werden sollen und erlaubt dem Nutzer alle Typen von Schuldscheinen als Ziel-Währung zu wählen welche der Empfänger akzeptiert (bzw. vertraut) ungeachtet dessen welche Typen von Schuldscheinen der Sender gegenwärtig hält oder nicht.

Leider besteht auch (im Moment noch) die Möglichkeit das die Ripple Trade Anwendung einen bestimmten Konvertierungs- oder Sende-Auftrag ablehnt und statt dessen die Fehlermeldung ausgibt: "Bitte stellen Sie sicher, dass Ihr Konto über genügend Mittel bzw. Vertrauen zu einem Gateway [in der Währung, die Sie konvertieren wollen] verfügt", auch wenn definitiv genügend Mittel gehalten werden und Vertrauen und Volumen den entsprechenden Gateways zugewiesen ist. Die Fehlermeldung kann dann nur so interpretiert werden, dass der Markt zu diesem Zeitpunkt über nicht genügend Liquidität verfügt.

Ripple Gateways

Ripples (XRP) können an Börsen (welche Ripple) handeln gekauft werden. Bitstamp zum Beispiel akzeptiert Überweisungen von Traditionellen Bankkonten (durch SEPA), und ermöglicht den direkten Umtausch (Kauf) von XRP mit eingezahlter traditioneller Währung (z.B. USD, EUR).

Einlagen werden bei Überweisung von traditionalen Bankkonten automatisch in Schuldscheine der jeweiligen Börse umgewandelt (USD zum Beispiel werden Bitstamp.USD) und können dann direkt an die Ripple-Adresse des Nutzers (oder anderen Nutzer) übertragen oder gegen XRPs verkauft und getauscht werden. Beim direkten Kauf von XRP innerhalb der Online-Anwendung der Börse muss der Nutzer darauf hingewiesen werden, dass es sich dabei um einen

Privatverkauf zwischen einzelnen Peers handelt (Handel zwischen dem Eigentümer der Börse und Nutzer) der außerhalb des größeren allgemeinen Marktes der Börse, bzw. des Gateway passiert.

Man muss zwischen der Funktion der Börse, den Handel zwischen vielen Benutzern auf dem freien Markt (Börse / Gateway) und der (direkten, privaten) Verkaufsmöglichkeit unterscheiden. In Unkenntnis des Unterscheids geht der Nutzer möglicherweise unwissentlich einen direkten Handel ein und kauft XRP zu einem Preis welcher über dem des allgemeinen Marktes liegt.[50]

Einlagen des Nutzers sollten immer an die öffentliche Ripple-Adresse des Nutzers (der Ripple Trade Anwendung, dem individuellen Konto des Nutzers) übergeben werden. Diese Übertragung ist praktisch kostenlos. Ripple erhebt eine Gebühr von vernachlässigbarer Höhe (XRP 0,00001) als eine Anti-Spam-Maßnahme und um Denial-of-Service (DDoS) Angriffe auf das System zu verhindern.

Der Nutzer kann der Ripple Trade Anwendung die öffentliche Adresse (oder den Ripple Namen oder auch dem Domänennamen) von Börsen hinzufügen welche auch als Ripple-Gateway funktionieren und so auf das gesamte Auftragsbuch für die verschiedenen Schuldscheintypen der Gateways zugreifen.[51] Dies konstituiert die sogenannte eingebaute verteilte Börse der Ripple Trade Anwendung und der Nutzer brauch keine separaten Konten an diesen Börsen öffnen, es sei denn er möchte die jeweilige Börse benutzen um Geld durch das traditionelle Bankensystem zu hinterlegen oder abzuheben (ACH / SEPA).

Das Ripple Knowledge Center bietet eine sehr detaillierte Beschreibung, wie man Gateways hinzufügt und Vertrauen in den

---

[50] Ohne Kommentar. Oder warum wird der Autor das wohl erwähnen?
[51] Eine Liste an Börsen und Gateways (Auswahl) findet sich am Ende des Buches. Ripple Labs selbst stellt auch eine eigene Liste online bereit: [https://support.ripplelabs.com/hc/en-us/articles/202847686-Gateway-Information]

einzelnen gehandelten Währungen (Schuldscheinen) zuweist [https://ripple.com/guide-to-currency-trading-on-the-ripple-network/].

Der Nutzer muss für jede von einem Gateway emittierte und gehandelte Währung Vertrauen zuweisen. Das Gateway wird dann für den Nutzer zum Emittenten für diesen speziellen Typ von Schulschein (Art von Währungen oder anderen Werten). Vertrauen wird durch Hinzufügen der öffentlichen Adresse des Gateways und die Auswahl des zu handelnden Währungstyps zugeweisen.

Die XRP, die neutrale Einheit des Ripple-Protokolls werden automatisch emittiert und von allen Beteiligten vertraut. Für alle anderen Währungspaare gibt die Ripple Trade Anwendung jedem Nutzer die volle Kontrolle über die Beziehung und das Vertrauen zu jeder von einem Gateway emittierten Art von Schuldscheinen, indem die Vertrauenskette dafür in ihrer Höhe (Volumen) begrenzt werden kann und die Rippling Funktion aktiviert werden kann oder deaktiviert bleibt.

3.3 Stellar "Ein bisschen Inflation hat noch Keinem geschadet"

Funktionsweise

Stellar arbeitet mit wenigen Ausnahmen genauso wie Ripple. Ein Mitgründer von Ripple - der Ripple verlassen hat - gründete Stellar. Der Hauptunterschied für den Nutzer ist, dass sich bei Stellar die Geldmenge um eine feste eine Quote von 1% pro Jahr erhöht und dass durch das Hinzufügen von Stellar Gateways („Stellards") zur Stellar Web-Anwendung allen emittierten Währungen (Schuldscheinen eines Emittenten) auf einmal vertraut wird. Auch wird Stellar nicht als ein Privatunternehmen (for profit) betrieben, wie Ripple, sondern ist als Non-Profit-Organisation / gemeinnützige Organisation registriert und hat sich verpflichtet, den Hauptteil der Stellars (STR) an Nutzer und (andere) Wohltätigkeitseinrichtungen, welche ein Konto eröffnen zu verschenken. Von diesen kleinen Unterschieden abgesehen ist Stellar fast identisch mit seinem Vorgänger Ripple und die Zeit wird zeigen, welches der beiden System weitere Verbreitung findet.

Der wesentliche Unterschied zwischen Stellar und seinem Vorgänger Ripple ist vor allem in der Geldpolitik und dem Charakter der Gemeinnützigkeit und des "großzügigen" Verschenkens zu finden. Das Innenleben und die angestrebte Anwendung (die bevorzugte Übertragungsmethode des Finanzsystems zu werden) sind weitgehend identisch.

Ein "Sternenkonto" eröffnen

Benutzer registrieren einen Account mit der Stellar Online Anwendung [https://launch.stellar.org/#/login]. Nutzer können sich (optional) mit ihren Facebook-Konto verifizieren und erhalten dafür einige Stellars (STR) kostenlos. Je früher ein Nutzer sein Konto eröffnet hat desto mehr Stellars wurden an Ihn verteilt. Derzeit sind es (nur noch) etwa bis zu 200 STR (beim aktuellen Wechselkurs ein Wert von ca. USD 0,4) die nach Facebook-Verifizierung (und erster Überweisung) jedem neuen Nutzer gutgeschrieben werden.

Das bedeutet, dass Stellar bereits sofort nach Anmeldung (und nach dem Hinzufügen von Stellar Gateways) zum Handeln verwendet werden kann. Die Hinterlegung von zusätzlichen Mitteln findet nach dem gleichen Verfahren wie bei Ripple statt, nur dass statt der Ripple-Gateways, Stellar-Gateways verwendet werden, um Geld durch das traditionelle Banken-System zu hinterlegen. Bestimmte Börsen bieten sowohl Ripple also auch Stellar Gateway-Funktionalität (z.B. Coinex).

Wie die anderen öffentlichen Adressen zuvor, sind Stellar-Adressen auch eine Zeichenfolge aus Buchstaben und Zahlen von 34 Stellen Länge. Stellar-Adressen beginnen mit dem Buchstaben "g". Stellar Börsen können Einlagen über eine individuelle öffentliche Adresse verbuchen, welche neu für jeden Nutzer erstellt und zugeweisen wird oder alle Einlagen in einen gemeinsamen Konto verbuchen. Die Einlagen des einzelnen Nutzers werden dann wiederum durch einen zusätzlichen Ziel-Marker, welcher der öffentlichen Stellar-Adresse hinzugefügt wird unterschieden und ausgewiesen. Börsen können eine interne Kundennummer oder andere Benutzeridentifikationen als ein Ziel-Marker zuweisen.

Beispiel einer Stellar-Adresse mit Ziel-Marker (wie sie von einigen Börsen intern verwendet werden):
gPswXyX9YqQzcdHonWK9QbGXgjGn7No1n6?dt = 12345

Stellar Gateways

Eine Liste von Stellar Börsen und Gateways und deren öffentliche Adressen finden Sie am Ende dieses Buches in einem gesonderten Kapitel. Stellar selbst gibt unter folgendem Link eine Liste mit Stellar-Gateways heraus [https://stellartalk.org/forum/5-gateways-exchanges/].

Wie bei Ripple, ist es notwendig, zwischen Börsen, die Stellar (intern) handeln und gegen andere Währungen tauschen und solchen mit Gateway-Funktionalität zu unterscheiden welche als integrierte Börse der Stellar Anwendung hinzugefügt werden können. Derzeit sind nur Coinex [https://www.coinex.co.nz] und RippleFox [https://www.ripplefox.com] voll funktionsfähige Stellar-Gateways und können in die Stellar-Anwendung integriert werden. Kraken [https: //www.kraken.com] hat angekündigt, Stellar Gateway-Funktionalität "bald" hinzuzufügen. Justcoin bot Stellar Gateway-Funktionalität und wird jetzt von ANXpro als Marke weitergeführt.

Viele weitere Börsen, die in STR sowie XRP, XBT und viele andere digitale Währungen handeln existieren, bieten aber keine Stellar Gateway-Funktionalität und machen deshalb die Registrierung eines separaten Kontos erforderlich (wenn man dort handeln möchte).

4 Wie lautet nochmal dein Passwort?

Persönliche Sicherheit und die Sicherheit der Einlagen des Nutzers ergibt sich aus der Summe des Wissens und dem Ermessen eines jeden Nutzers wie dieser sich in der Interaktion mit anderen Nutzern und externen Anwendungen verhält und diesen vertraut oder nicht.

In Bezug auf digitale Währungen sowie deren Börsen, Handelsplätzen und Wallets wird dem einzelnen Nutzer direkte Kontrolle über die Ausführung und mögliche Anonymität seiner Finanzgeschäfte gewährt. Alle Transaktionen werden in der Block-Chain veröffentlicht und dort (permanent) gespeichert, der Benutzer wird nicht gezwungen seine Identität bei Transaktionen innerhalb des Systems aufzugeben. Transaktionen welche zwischen gleichrangigen Partnern erfolgenden (Peer to Peer) beseitigen alle sonst im traditionellen System zwischengeschalteten Vermittler, den man mit (sensitiven) Daten vertrauen oder den (wiederholbaren) Zugriff auf Einlagen gewähren muss.

Die Sicherheit von Transaktionen mit Block-Chain basierten Währungen erfordert daher (bei Ausschluß von solchen Vermittlern) nur grundlegende Kenntnisse über Computer- und Internetsicherheit und darüber wie Block-Chain basierende Währungen und Zahlungssysteme funktionieren. Seine eigene Bank zu sein erfordert von einzelnen Nutzer nur Grundkenntnisse darüber wie das jeweilige Zahlungs-Protokoll funktioniert sowie die Umsetzung Mindeststandards an Sicherheit. Aber in Bezug auf die Sicherheit und Stabilität des Gesamtsystems, kann kein Ausmaß einzelner Handlungen oder Unterlassungen systemische oder kollektive Risiken und Instabilität nach sich ziehen.

4.1 Psychologische und Verhaltensprobleme

Es ist ein größeres Verhaltensproblem mit dem der durchschnittliche Nutzer von digitalen Währungen konfrontiert wird. Die Kundes des alten Systems wurden zu lange "konditioniert" und haben erlernt, das digitale Währungen (oder Gutscheine und Geschenkkarten und Vielflieger-Punkte) kein echtes Geld sind und verhalten sich dann entsprechend also ob diese keinen oder einen geringeren Wert hätten als das „echte Geld", mit dem sie zuerst erworben wurden.[52]

Ein ansonsten gesundes Misstrauen und Vorsicht im Umgang mit echtem Geld und realen Personen sind Sicherheitsbarrieren, welche den einzelnen Nutzer vor ernsten Konsequenzen bewahren. Dennoch scheint es, wenn „echtes Geld" gegen etwas "weniger Echtes" oder Neues und auch noch Virtuelles getauscht wird und im Umgang mit anderen „echten" Menschen über das Internet, dass viele dieser wichtigen und gesunden Barrieren niedergerissen werden. Nutzer geben im Internet virtuelle Einheiten leichter und schneller aus und vertrauen andreren Personen (viel zu schnell). Nachdem ein Betrug oder Diebstahl offensichtlich wird bzw. sich das Risiko einer vorschnellen Investition in seiner Konsequenz offenbart fällt es vielen Nutzern schwer sich selbst und anderen ihr eigenes Verhalten zu erklären

Jeder Nutzer muss wissen, dass wenn er sich entscheidet in digitalen Währungen zu handeln oder zu investieren (die Übergabe von Geld, das in der Tat sehr real ist und Wert hat), wenn er sich entscheidet dieses Geld an Dritte zu übergeben (Börsen / direkter Handel) oder wenn er sensible Daten über sich selbst gegenüber Fremden (im Internet) preisgibt - Dinge, die wir normalerweise nicht im "echten Leben" mit "echtem Geld" tun würden - die Möglichkeit zur Täuschung, zum Unterschätzen von Risiko und Werten, zu Fehleinschätzung von Situationen im Allgemeinen besteht und daraus ein Totalverlust an Einlagen resultieren kann (und häufig auch tut). Die virtuelle Welt ist genauso echt, wie und auch Teil des normalen Lebens.

---

[52] Zu einem gewissen Grad stimmt dies sogar, denn verschiedene Gutscheine und Geschenkkarten besitzen sehr beschränkte Konvertibilität und Gültigkeit. Dies ist bei Block-Chain basierten Währungen nicht der Fall.

4.2 Konten in Treu und Glauben vom Schlachter selbst

Im traditionellen Bankenumfeld ist jedes Kundenkonto ein treuhänderisches Konto (custodial). Die Bank verwaltet alle Einlage des Nutzers vollständig. Jeder Kontoauszug oder Online-Banking-Ausdruck ist ein Schuldschein und ein Versprechen der Bank und nicht mehr. Abgesehen vom Spezialfall des Schließfaches mit Bargeld oder anderen Wertgegenständen darin, sind alle Bankkonten zentral abhängig und im Grunde ein Versprechen auf die Ehre der Bank-Manager und Direktoren

Block-Chain basierte digitale Währungen sind dezentral organisiert und völlig unabhängig von „Verprechern", die volle Kontrolle und Verantwortung über Einlagen und Finanzen obliegt dem Nutzer (und rechtmäßigen Besitzer allein). Der Nutzer hat die Entscheidung, Online-Wallets und / oder Konten bei Börsen zu vertrauen, welche die digitalen Einlagen für ihn halten oder diese komplett offline zu nehmen und unter seiner vollständigen Kontrolle zu halten. Wenn Einlagen der Sorge eines Dritten (traditionelles treuhänderisches Konto, Börse, Online-Wallet, etc.) übergeben werden sind sie nicht mehr durch die Block-Chain geschützt. Es wird angenommen, dass der Nutzer sich selbst über die Tragweite und Bedeutung seiner Entscheidung für die Sicherheit seiner Einlagen jederzeit bewußt ist.

Die meisten Börsen digitaler Währungen bezeugen öffentlich auf Grundlage von einer 100%igen Reserve zu operieren und veröffentlichen hierzu Prüfungs- und externe Auditergebnisse. Dies obwohl viele dieser Börsen derzeit nicht Gegenstand solch regulatorischer Anforderungen sind wie zum Beispiel die traditionellen Banken. Sicherheit, Eigenkapitalausstattung und Zugriffskontrolle sind vollständig in den Händen der Börsenbetreiber, während dort hinterlegte Mittel sich de-facto auch außerhalb des Block-Chain-Sicherheitsmodells befinden.

Ein prominenter Fall in dieser Hinsicht war die Mt. Gox Börse, welche volle Treuhandrechte über die bei ihr hinterlegten Bitcoins hatte, was (leider) zu einer Katastrophe führte. Einlagen wurden von Mt. Gox gestohlen und / oder sind aufgrund unzureichender Sicherheitsmaßnahmen verlorengegangen (Missmanagement wird nicht ausgeschlossen).[53]

Auf der anderen Seite des Spektrums stehen Börsen wie zum Beispiel die norwegische Justcoin Börse welche gezwungen wurde zu schließen, da sich die norwegischen Banken (allen voran die DNB) weigerten, weiter Bankdienstleistungen bereitzustellen und dadurch den Kunden der Justcoin Börse (welche auch Kunden anderer norwegischer und europäischer Banken waren) Einzahlungen auf ihr eigenes Justcoin-Konto unmöglich machten. Ohne lokale kooperierende Bank war Justcoin nach norwegischem Recht gezwungen zu schließen. Justcoin kündigte seine geordnete Schließung an und alle seine Kunden waren in der Lage ihre Einlagen komplett zu entnehmen. Hat jemals eine Bank des traditionellen Systems eine (extern verursachte) Schließung so reibungslos und ohne Schaden für die Einlagen der Nutzer und ohne nennenswerte Auswirkung auf das Gesamtsystem und andere Banken durchgeführt? Bei Bankenschließungen im traditionellen System verlieren die Kunden meist einen beachtlichen Teil ihrer Einlagen, wenn nicht normalerweise alle und wie die Weltfinanzkrise demonstrierte kommt es dabei oft zu einer Art Dominoeffekt welcher andere Banken und Institute (und die Einlagen derer Kunden) mit in den Abgrund reist.

Seit dem Mt. Gox Debakel, haben die digitalen Börsen ihre internen Prozeduren und Sicherheitsmaßnahmen deutlich verbessert, viele Börsen wenden nun Hybrid-Modelle oder ausgefeilte Sicherheitsmaßnahmen wie zum Beispiel eine Zwei-Faktor-Authentifizierung (2FA) an, welche die Wahrscheinlichkeit, dass die

---

[53] Fakt am Rande: Mt. Gox wurde ursprünglich von einem späteren Mitbegründer von Ripple gegründet, welcher noch später dann Ripple verließ und Stellar gründete.

Sicherheit des Nutzers und der Börse gleichzeitig gefährdet oder gebrochen reduziert. Es ist jedoch in der Regel nicht sinnvoll Einlagen an einem zentralen Ort in Treuhand dritter zu belassen sondern in der Block-Chain unter der eigenen Adresse (bzw. der nativen Wallet-Anwendung).

4.3 Keine Versicherung = kein Schutz? Überversicherung und kein Schutz!

Warum und wie werden normale Bankeinlagen ge- und versichert? In vielen traditionellen Bankensystemen sind Kundeneinlagen (bis zu einem bestimmten Volumen) gegen Bankausfall (Bankrott)[54] versichert. Banken scheitern, weil ihre Manager falsche Investitionsentscheidungen treffen und weil die Baken resultierend daraus nicht alle Einlagen zur gleichen Zeit, oder wenn die Kunden es verlangen auszahlen können.

Mit Blick auf Block-Chain basierte Währungen macht der Ruf für die Einlagensicherung einfach keinen Sinn. Bitcoins sind komplett unabhängige Wertspeicher. Die Block-Chain kann Ihr Geld nicht vermieten oder in faule Kredite investieren und dann in Konkurs gehen. Börsen können in Konkurs gehen (z.B. Mt. Gox), aber dann wiederrum werden sie nur für den (kurzfristigen) Handel verwendet und die langfristige Lagerung von Einlagen in Börsen bietet keine Vorteile im Vergleich zur sicheren Speicherung unter ihrer öffentlichen Adresse und der Aufbewahrung der Passwörter (private keys) in Ihrem persönlichen Speicher (Desktop-Wallet, Papier-Wallet, Hardware-Wallet, Native Anwendung, etc.).[55]

Die Regulierung von Börsen zur Aufnahme von Einlageversicherungen scheint deshalb urealitätsfern, da die meisten

---

[54] Schon merkwürdig, dass das Fremdwort für die Pleite so eng mit dem Wort Bank verwandt ist.
[55] Der Cointelegraph hat vor kurzem einen Vergleich von Bitcoin Hardware Wallet-Lösungen veröffentlicht [http://cointelegraph.com/news/112947/who-will-keep-you-safe-a-comparison-of-bitcoin-wallets-that-arent-digital]

Börsen, um das Vertrauen ihrer Nutzer zu gewinnen, bereits eine freiwillige 100% Reserve der Einlagen halten, welche regelmäßig von externen Buchprüfern verifiziert wird. Welche traditionelle Bank erfüllt diese hohen Standards?

Traditionelle Verbraucherschutzmaßnahmen richten sich gegen Fehlinformationen und den daraus resultierenden Betrug und die Übervorteilung der Kunden in den traditionellen Finanzinstituten durch die traditionellen Finanzinstitute und sind somit nur teilweise nützlich und sinnvoll in einer neuen Branche, welche als inhärent sichere, stabilere und einfachere Alternative antritt und den Beweis in der Lage zu sein die eigenen Kunden so zu behandeln erst noch antreten muss.

Das traditionelle System versichert den Kunden nicht oder hält ihn frei von Schäden, wenn der Kunde selbst und freiwillig seine Einlagen an Dritte übermittelt, welche ihn dann darum betrügen. In einem aktuellen Gerichtsverfahren verklagte eine Kundin ihre Bank, um Erstattung von Geld, das sie in einer Online-Überweisung mit einem (sicheren) elektronischen PIN / TAN-Verfahren (+Flickercode) verloren hatte. Das Sicherheits-System wurde durch einem Dritten, d.h. durch Man in the Middle-Angriff umgangen. Das Gericht wies die Klage ab, weil die Frau die TAN-Generator Anzeige nicht richtig kontrolliert habe, bevor sie die Überweisung auf ein anderes Konto genehmigt hat. Das Gericht argumentierte sie übertrug ihr Geld freiwillig an die falsche Adresse, dafür haftet die Bank laut ihren AGB und anderen Nutzungsbedingungen nicht (der Kunde hat trotz offensichtlichem Angriff Dritter seine Sorgfaltspflicht verletzt).[56] Doch in der Diskussion über die Vorzüge und Eigenschaften der Block-Chain basierenden Währungen argumentieren Befürworter der traditionellen Systeme, als ob diese Art von Schutz (vor Angriffen und Fehleistungen des Nutzers)

---

[56] Urteil des LG Darmstadt (Germany), 28.08.2014 - 28 O 36/14: [http://openjur.de/u/721428.html] and [http://dejure.org/2014,23418]

gegeben wäre oder gar der Standard im traditionellen Bankensektor sei. Es wird krampfhaft versucht der Öffnetlichkeit einzureden, dass beispielsweise Bitcoin von Natur aus weniger sicher ist als Barmittel oder Giro-Geld. Dem muss widersprochen werden: Das Gegenteil ist wahr.

Wenn zum Beispiel Frau Haymond (von Master Card) gegen Bitcoin (und seine Kosteneffizienz) argumentiert, versucht sie den Vorteil Kosteneffizienz negativ zu verknüpfen[57]: "In Bezug auf Senator Ringuette's vorherigen Standpunkt: Ja, es sind im Moment weniger Gebühren mit diesen [Bitcoin Übertragungen] verbunden aber es gibt auch weniger Schutz. Wenn Sie dies regulieren - das ist nur meine persönliche Meinung, Ich sprechen jetzt nicht Master Card hier - was ich denke, was passieren würde ist, dass es mehr Gebühren (Kosten) entstehen würden, welche diese Art [von Bezahlsystem] eine weniger attraktive Option, für die Unterwelt, und das kriminelle Element, und auch Gebilde (Unternehmen), machen würde die auf der Suche nach einer günstigen, Ohne-Schnick-Schnack-Lösung sind. Ich glaube nicht, das es (überhaupt) eine billige, Ohne-Schnick-Schnack-Lösung geben sollte. Ich denke, es sollte Verbraucherschutz geben, auch wenn das Kosten nach sich zieht."

Der beste Schutz des Kunden ist das Wissen darüber, wie das System funktioniert. Die Motivation der Kreditkartenindustrie für die gedankliche Verknüpfung von Bitcoin mit kriminellen Aktivitäten ist es die gesetzliche Regulierung und Ausschaltung eines effizienteren und kostengünstigeren Konkurrenten herbeizuführen. Während im Fall des Nahezu-Monopols der beiden großen Kreditkarten-Unternehmen diese für die „freie Wahl" der Kunden und Händler sowie fortgeführte Nichteinmischung des Gesetzgebers in den freien

---

[57] Inoffizielle aber sinngemäße Übersetzung des Autors. Original Aussage auf English zu finden in: THE STANDING SENATE COMMITTEE ON BANKING, TRADE AND COMMERCE, OTTAWA, Issue 14 - Evidence - October 1, 2014,
[http://www.parl.gc.ca/content/sen/committee/412/BANC/14EV-51603-E.HTM]

Markt plädieren ("Keiner [Händler] ist gezwungen, eine bestimmte Kreditkartenmarke zu akzeptieren"), werden im Falle einer neuen innovativen Technologie, die möglicherweise den Kreditkartenmarkt bedroht die "Unternehmen, die nach einer günstigen, Ohne-Schnick-Schnack-Lösung suchen" mit Kriminellen gleichgesetzt. Dies war zwar nur eine private Meinung (von Frau Haymond), das Argument selbst verrät aber viel über diejenigen welche für die für die Kreditkarten-Industrie arbeiten: Kosteneffizienz scheint keinen Nutzen für die Branche und ihre Kunden zu bieten. Was bleibt dem Kunden solcher Zahlungssystem anderes als zu desertieren.

Kritiker von Bitcoin als Währung heben oft den einregulierten Charakter und die hohe Preisfluktuation als die größten Nachteile und Risiken der Währung hervor. Bitcoins sind kein gesetzliches Zahlungsmittel und bestimmte Länder könnten versuchen, die Verwendung rechtlich zu verbieten. Andre Länder ringen um rechtliche Lösungen welche die Innovation, Kosteneffizienz, Transparenz und Stabilität welche Bitcoin-Systeme darstellen gedeihen lassen, so dass diese althergebrachten Systeme ablösen können.

Ja, einige Regierungen erwägen im Moment und haben (bzw. haben in der Vergangenheit erwägt) Bitcoin und andere Zahlungsprotokolle stärker zu regulieren. Doch jeglicher Versuch von Regulierung als Verbot von Bitcoin oder Schutz bestehender ineffizienterer Systeme wird sich wahrscheinlich als zwecklos erweisen. Wie argumentiert man einleuchtend für das Verbot einer Infrastruktur-Technologie, welche eindeutig besser (effizienter, schneller, kostengünstiger) ist als alles andere das derzeit verfügbar ist und angewendet wird? Wie schaltet man etwas ab (wenn man solche Verbote den umsetzen möchte), das international und dezentral arbeitet und was an keine einzelne Firma oder Person gebunden ist? Keine Regierung kann diese Währungsrevolution stoppen es sei denn um dem Preis das Internet und jede andere Form der Vernetzung von Computern aufzugeben.

Bitcoins werden noch nicht allgemein (auf der Straße) akzeptiert. Die wenigen Einzelhändler und Läden welche Bitcoin akzeptieren behalten diese nicht sonder tauschen sie meist direkt durch einen Zahlungsprozessor in USD oder EUR um (um mögliche Preisschwankungen zu vermeiden). Das heisst Bitcoins werden in diesem Fall nur als überlegende Zahlungsabwicklung für andere Währungen benutzt.

"Geld muss nicht als gesetzliches Zahlungsmittel von Regierungen geschaffen werden. Wie Recht, Sprache und Sitten, kann auch Geld spontan entstehen. Solches Privatgeld wurde gegenüber dem Regierungs-Geld oft bevorzugt, aber Regierungen haben es in der Regel bald unterdrückt." F.A. Hayek[58]

Einige Nutzer sind auf den Bitcoin Zug zu sehr ungünstigen Zeiten aufgesprungen und manchmal nur weil sie Geschichten gehört haben (bzw. Bücher und Webseiten gelesen haben) von "Millionär zu Weihnachten", sahen aber am Ende dann ihre Investition unerwartet an Wert verlieren. Tatsache ist, dass Bitcoin in der Anfangsphase seiner Anwendung (wie es auch der Fall bei neuen Börsen-Unternehmen) eine hohe (Wechsel-) Kursfluktuation aufweist. Bitcoin Preise schwanken stark und Bitcoin und andere Block-Chain basierende Währungen sind als Investition gesehen, nur etwas für jemanden „mit starken Nerven" und hoher Risikobereitschaft. Wem mag man Schuld zuweisen wenn ein Kunde an unendliches Wachstum glaubt?

4.4 Das schwächste Glied in der Kette

Es liegt in der alleinigen Verantwortung des Anwenders, sicherzustellen, dass die Adresse an welche er Gelder sendet die

---

[58] F.A. Hayek, Choice in Currency: A Way to Stop Inflation, Based on an Address entitled 'International Money' delivered to the Geneva Gold and Monetary Conference on 25 September, 1975, at Lausanne, Switzerland. IEA 1976; Mises institute/IEA 2009 [http://mises.org/page/1480]

Richtige ist und das der empfangenden Person vertraut werden kann, vereinbarte Verträge zu erfüllen, die Waren und Dienstleistungen für welche die Zahlung getätigt wurde zu liefern. Wenn Waren und Dienstleistungen nicht wie versprochen geliefert wurden bleiben dem Sender nur allgemeine rechtliche Schritte, also z.B. den Empfänger direkt wegen Vertragsbruch zu verklagen oder die Information über erfolgten Betrug an die jeweiligen Behörden / die allgemeine Öffentlichkeit weiterzuleiten.

Im Sicherheitsmodell von Block-Chain basierten Protokollen ist der Nutzer das schwächste Glied und stellt für seine Einlagen das größte Risiko dar. Das Abhandensein von grundlegenden persönlichen Sicherheitsmaßnahmen in Kombination mit Unwissen oder Fehlinformation durch Dritte (resultierende falsche Investitionsentscheidungen) sind in der Lage das Konto und die Einlagen eines Nutzer komplett auszulöschen (schneller als man eine E-Mail senden kann).

Aber auch im traditionellen System war das schon immer in der Fall. Sicherheit mit digitalen Währungen und Zahlungssystemen (wie auch der Kundenschutz im traditionellen System) basiert auf dem Wissen und Ermessen des Anwenders und wie dieser sich in der Interaktion mit anderen Nutzern und externen Anwendungen verhält.

Eine sichere und risikominimierende Anwendung des Internets und von Computern / Mobiltelephonen wird zur Schlüsselfähigkeit. Dem einzelnen Nutzer wird die direkte Kontrolle über und den Grad des Schutzes seiner Privatsphäre und (zu einem bestimmten Maß auch) über die Rentabilität seiner Finanzgeschäfte gewährt.

Hohe Sicherheit und persönlicher Schutz erfordern daher grundlegende Kenntnisse über Computer- und Internetsicherheit und einige wesentliche Einblicke darüber wie Block-Chain basierende Währungen und Zahlungssysteme arbeiten.

4.5 Nur mit Helm und Gurt

Wenn das (internationale) Senden von Geld so einfach gemacht wird wie das Versenden von E-Mails erlangt der Einsatz sicherer Passwörter einen besonderen Stellenwert.[59] Passwörter sollten nicht lokal gespeichert werden. Auch ist es nicht ratsam die Zugangsschlüssel zu den eigenen Finanzen automatisch von einem Browser einfügen zu lassen, da dies jedermann mit Zugang zum Computer des Nutzers auch den Zugang zu dessen Finanzen ermöglicht.

Noch bevor wir uns aber um Browser und lokale Speicherung von Passwörtern sorgen müssen, muss der Passwortschutz und die Verschlüsselung der Hardware (Computer, Mobilgeräte) als wichtige Barriere vor unauthorisiertem Zugriff genannt werden. Sicherer Passwortschutz und (wenn möglich) vollständige Verschlüsselung verhindern (bzw. komplizieren) den unbefugten Zugriff wenn Geräte verloren gehen, gestohlen werden oder wenn ihr 6-Jähriger sich mal schnell einen echten Porsche online kaufen möchte.

Einige Online-Anwendungen und Börsen bieten Optionen für die Passwort-Wiederherstellung falls der Nutzer seine Zugangsdaten vergessen hat. Passwort-Wiederherstellung - so nützlich sie auch ist - würde aber auch unberechtigten Zugriff ermöglichen, wenn der Wiederherstellungscode an E-Mail-Konten oder Geräte gesendet wird welche gestohlen bzw. gehackt wurden (weil das E-Mail-Passwort zu schwach war). E-Mail-Konten und mobile Geräte müssen daher sorgfältig gesichert und geschützt werden (Updates, Anivirenprogramme, Anti-Keylogging, Verschlüsselung, vor allem anderen sichere Passwörter).

Wann immer angeboten und verfügbar sollte der Nutzer Zwei-Faktor-Authentifizierungsverfahren (2FA) nutzen (noch besser 3

---

[59] A list of password generators is provided in the resources chapter, use at your own risk.

Faktor-Authentifizierungssverfahren), die den Zugriff auf Konten nur erlauben, wenn zusätzliche Einmal-Passwörter über einen separaten Kanal (z.b. Mobiltelefon, SMS, Authentifizierungs-App) bereitgestellt und eingegeben werden.

Potentielle Hacker wissen, dass das Block-Chain Protokoll selbst unmöglich anzugreifen und zu hacken wäre, und werden sich deshalb auf das schwächsten Glied in der Sicherheitskette konzentrieren (den Nutzer und seine höchstwahrscheinlich schwachen E-Mail-Passwörter).

Lassen Sie Vorsicht walten bei dem was Sie anklicken, online und in E-Mails. Wenn Sie die Website oder die Person, die Ihnen einen Link geschickt hat nicht vertrauen, klicken Sie lieber nicht. Und auch wenn sie den vermeintlichen Ursprung einer Nachricht oder E-Mail kennen fragen sie lieber nach bevor Sie handeln. Aktualisierte Antivirusprogramme können Ihnen helfen sich vor schädlicher Software (Viren, Malware, Trojanern) zu schützen welche versuchen können auf Ihre Kontodaten und andere sensible Daten (unerlaubterweise) zuzugreifen.

4.6 Von Fischen und Phishern

Login-Daten und Passwörter von Nutzern sind leicht durch Phishing-Attacken ausgespäht. „Unter Phishing versteht man Versuche, über gefälschte Webseiten, E-Mails oder Kurznachrichten an persönliche Daten eines Internet-Benutzers zu gelangen und damit Identitätsdiebstahl zu begehen. Ziel des Betrugs ist es, mit den erhaltenen Daten beispielsweise Kontoplünderung zu begehen und als Folge den entsprechenden Personen zu schaden. Es handelt sich dabei um eine Form des Social Engineering, bei dem die Gutgläubigkeit des Opfers ausgenutzt wird." Phishing Definition von Wikipedia[60]

---

[60] http://de.wikipedia.org/wiki/Phishing

Solche falschen Webseiten können unter anderem vorgeben ihre Börse oder Handelsplatz zu sein und „verlorene" Passwörter und Konten wieder herstellen zu wollen wofür sie alte Kontoinformationen und Passwörter abfragen. Unbedarfte Nutzer werden so getäuscht und geben ganz freiwillig die Schlüssel zu ihren eigenen Bankkonto weg. Solche Angriffe können auch in Form von Einladungen kommen welche Gewinne oder die Beteiligung an Erbschaften oder verwaisten Konten (von Verwandten und sogar völlig unbekannten Personen) in Millionenhöhe versprechen.

Denken Sie lieber zweimal nach, bevor Sie auf Links klicken welche Ihnen das schnelle Geld versprechen, als Folge könnten Sie alles verlieren. Nur weil ein Absender Ihren Namen kennt oder Ihr Log-in bedeutet dies nicht, dass dieser auch legitim sind, meist handelt es sich um einen Phisher.

Sie sollten Ihre Kontoinformationen niemals auf Webseiten eingeben, die nicht die echte Webanwendung ihres Online-Kontos oder der Börse sind. Benutzer sollten darauf achten das Webseiten und Domains "richtig buchstabiert" und dass in der Adresszeile des Browsers das Symbol für gesicherten Zugriff angezeigt wird (https://).

Phishing ist oft zu vergleichen mit einer unbekannten Person die Ihnen auf der Straße begegnet und Sie bittet ihr alle Ihre Kontodaten und Logins zu geben (was auch immer der Grund). Würden Sie das im echten Leben tun? Bitte verstehen sie: das Internet ist Teil des „echten" Lebens. Moderne Technologien nehmen immer mehr Einfluss darauf was ältere Generationen gern als das reale Leben bezeichnen. Nicht verstehen wollen, sich nicht mit neuen Entwicklungen auseinandersetzen wollen, bei dem neuen Quatsch nicht mitmachen wollen führt in eine Entmündigung der eigenen Person durch andere Personen (oder Gruppen und Institutionen) welche wissen und können wollen und leider manchmal versuchen sich einen finanziellen Vorteil auf Kosten der anderen (nicht wissen wollenden) zu verschaffen.

5 Mehr als nur ein Zahlungssystem, mehr als nur eine Währung, Besser als alles zuvor

Das folgende Kapitel beschreibt die Eigenschaften und Besonderheiten Block-Chain basierter digitaler Währungen und Zahlungsabwicklungssysteme verglichen mit dem herkömmlichen „Altsystem" der Banken- und Finanzierungswirtschaft. Die in diesem Kapitel geführte Diskussion, der Vergleich von Vor- und Nachteile Block-Chain basierter digitaler Währungen gründet sich weitgehend auf der Aussage, der vorangegangen Diskussion des Themas von Andreas Antonopoulos vor dem kanadischen Senat[61] und in geringerem Maße auf Richard Gendal Brown's "Gedanken über die Zukunft der Finanzwelt" (siehe Fußnote nächstes Zitat) sowie auf anderen Quelle welche direkt angegeben werden.

5.1 Kontostaubsauger gegen Einmal-Authorisierung

Bei Bitcoin dreht sich alles um den Aufbau eines vertrauensfreien dezentralen Transaktionsregisters (der Block-Chain): "[...] Der ganze Sinn von Bitcoins ist, dass sie gegen-partei-risiko-freie Anlagen [couterparty risk free]sind: Meine Bitcoins sind nicht die Verbindlichkeit und finanzielle Darbringungsschuld von jemand anderem" Richard Gendal Brown , IBM UK[62]

Im Gegensatz dazu sehen Ripple (und Stellar) explizit den Umgang und Handel mit Vermögenswerten vor welche die Verbindlichkeit und finanzielle Einlösungschuld (Emittentenrisiko) von jemand

---

[61] Testimony of Andreas M. Antonopoulos before: THE STANDING SENATE COMMITTEE ON BANKING, TRADE AND COMMERCE, OTTAWA, Wednesday, October 8, 2014, Evidence Transcript Document: BANC 51627, 1610-1, [http://www.parl.gc.ca/Content/SEN/Committee/412/banc/15ev-51627-e.htm?Language=E&Parl=41&Ses=2&comm_id=3]

[62] Richard Gendal Brown, Ripple is hard to understand, but it's worth making the effort: there's a deep insight at its core, at his blog "Thoughts on the future of finance" [http://gendal.wordpress.com/category/ripple/]

anderem sind. Wie in unserer aktuellen Finanzsystem haben wir es mit der Frage zu tun ob wir überhaupt und wenn ja wie weit wir unserem Handelspartner oder dem Emittenten vertrauen und wie weit wir daraus resultierende Risiken in Kauf nehmen möchten. Der Schwerpunkt von Ripple und Stellar liegt daher auf den Verbindlichkeiten von identifizierbaren Emittenten (z.B. Börsen und Gateways) und ermöglicht den Handel in einem Netzwerk durch die Gewährung von Kontrolle darüber, wie weit wir einem bestimmten Emittenten vertrauen. Den Emittenten muss explizit vertraut werden, bevor eine Transaktion stattfinden kann.

Diese Kontrolle ob wir dem möglichen Handelspartner überhaupt vertrauen und wenn ja wie weit ist eine elementare und entscheidende Freiheit. Diese Freiheit wird den Kunden des traditionellen Finanz- und Banksystems aber nicht gewährt, was zu vielerlei systemischen Risiken (in diesem althergebrachten System) führt.

Die Bitcoin Block-Chain speichert nur Bitcoins, während Ripple (und Stellar) jede Art von Wert, Vermögen oder Ware (einschließlich auch Bitcoin Schuldscheinen) bewegen können. Jede Art von Schuldschein wird gegen die interne Verrechnungseinheit (z.B. XRP oder STR) gewichtet, der Nutzer (von Ripple und Stellar) brauch diese aber nicht selbst zu halten um Schuldscheine von Währungen und anderen Vermögenswerten direkt und gegeneinader zu handeln. Nutzer von Ripple und Stellar können so das Risiko der Wechselkursschwankungen ganz vermeiden.[63]

"Im Gegensatz dazu muss ein Nutzer [von Bitcoin] Bitcoins kaufen, um auf die Block-Chain (als Transferprotokoll) zugreifen zu können, und ist so der Preis-Volatilität von Bitcoin ausgesetzt [wenn auch nur

---

[63] Eine geringe XRP Einlage ist erforderlich um die geringen Transaktionsgebühren zu verrechnen.

71

kurzweilig]." Patrick Griffin, Ripple Labs[64]

Im traditionellen Bankensystem hingegen gibt der Kunde mit der Einleitung einer einmaligen Einzahlung, Überweisung oder Abhebung häufig die implizite Zustimmung nicht nur zum Verlust der genannten Freiheit, sondern auch zum Verlust der individuellen Sicherheit (durch Aufgabe und Übermittlung von Indentitätsdaten und Privatsphäre vor allem bei Transaktionen mit Kreditkarten und Kundenkarten und im Internet).

Mr. Antonopoulos beschreibt diesen Sacheverhalt[65] als die Differenz und den Unterschied beider Systeme (traditionelles System./. Block-Chain Protokolle) in Bezug auf Sicherheit und Risiko (zentral./. dezentral): Bei der Verwendung von digitalen Währungen ist es wichtig zu verstehen, dass diese sich eigentlich wie unabhängige Wert-Einheiten verhalten (d.h. ehr wir Bargeld, Rohstoffe, Gold, etc.) im Gegensatz zu Giro Geld Debit- und Kreditkarten.

Der Mechanismus im Bitcoin-Protokoll überträgt Werte direkt in Form von Einheiten (Bitcoins, sog. "Push"-Mechanismus), während die Kredit-, Debit- und Giro Vorgänger früher oder später von einem Konto abbuchen ("Pull"-Mechanismus), zu welchem dem Kunden von einer bevollmächtigten Institution oder Clearingstelle Zugang gewährt / genehmigt wird.[66]

„Das Konzept der Disintermediation (Entfernen von Vermittlern) und der direkten Vermittlung zwischen Käufer und Verkäufer, zwischen Kreditgeber und Gläubiger, zwischen Verbrauchern und Händlern , ohne Zwischenhändler oder Clearingstelle, ist das Alleinstellungsmerkmal von Bitcoin [und anderen digitalen

---

[64] Patrick Griffin, Executive Vice President of Business Development at Ripple Labs [http://bankinnovation.net/2014/10/ripple-ecosystem-expands-with-british-startup-ripula/]
[65] Senate Testimony of Andreas Antonopoulos, Quelle siehe oben
[66] Banken gewähren Kunden Zugang zum eigenen Geld

Zahlungsprokollen]. Das ist es was diese Erfindung uns erlaubt hat, ohne das erst Vertrauen [zwischen den einzelnen Parteien] etabliert werden muss." Mr. Antonopoulos[67]

Einer der großen Fehler gesetzlicher Regulierung im traditionellen System ist, dass mit einer Zentralisierung von Identitätsmerkmalen und Kontrolle von Regeln auch die Zentralisierung von Risiken Einzug hält. Also wenn eine Organisation oder Institution gehackt wird, und verliert daraufhin Millionen von Kundendaten und Identitäten, hat dies direkte Auswirkungen auf diese Millionen Kunden. In erster Linie muss der Nutzer berücksichtigen und verstehen, dass solche Datengaus, Diebstähle, Lecks und der (spätere) Verkauf von privaten Daten nur geschehen kann, weil diese Institutionen, Händler, Banken, Clearingstellen überhaupt die Daten von Millionen von Kunden gespeichert haben und halten (obwohl die eigentliche Zahlung schon lange abgewickelt ist).

"Der Vorteil eines dezentralen Systems ist, dass es keine zentrale Datenbank, Speicher [oder die sprichwörtlichen] Goldadern und Panzerschränke gibt wo die Identität von jedem Nutzer bzw. Kunden gespeichert ist und daher kann auch [nicht] jedermanns Identität gleichzeitig angegriffen werden." Mr. Antonopoulos[68]

Im Fall von Bitcoin und anderer digitaler Währungen ist keine vorherige (und stehende) Genehmigung zum Zugriff auf das eigene Konto nötig. Ein einmaliger "Push" gibt keine sensiblen Daten preis oder räumt kontinuierliche Ausaugrechte ein ("Pull").[69] Jede Übertragung wird durch den Benutzer und nur durch ihn autorisiert und hält im Gegenzug kein Risiko für die empfangende Partei, da die Übertragung nicht rückgängig gemacht oder angehalten werden kann. Rückübertragungen bieten in den meisten Fällen von Betrug oder

---

[67] Senate Testimony of Andreas Antonopoulos, Quelle siehe oben
[68] Senate Testimony of Andreas Antonopoulos, Quelle siehe oben
[69] Eine Bank welche auf Bitcoin-Basis operiert könnte noch nicht einmal eigenständig Kontoführungsgebühren vom Bitcoin-Wallet des Kunden einziehen.

Täuschung sowieso keine zusätzliche Sicherheit für den Kunden da das Geld meist bereits weg ist, wenn der Betrug offensichtlich wird.

Ebenso gibt es kein Gegenparteirisiko (Counter-Party-Risk) in Ripple und Stellar. Aber beider Währungen Wert liegt ehr in ihrem Nutzen als Zahlungsprotokoll, welches die Übertragung von jeder Art von Werten und Währungen ermöglicht. Die interne Einheit der Verrechnung (XRP / STR) ist eher risikolos (außer in Bezug auf die Volatilität), aber was durch das Zahlungssystem übertragen wird sind die Verbindlichkeiten (Schuldscheine) eines bestimmten Emittenten, welche sicherlich ein hohes Risiko darstellen können in Abhängigkeit von der jeweiligen Art des Schulscheines und des Emittenten selbst.

5.2 Sicherheit und inherente Stabilität, Kartenhaus./. erdbebensicherer Stahlbeton

Laut Andreas Antonopoulos, ist der grundlegende Konstruktionsfehler des traditionellen Systems die Zentralisierung und Bindung der Kunden-Identität an jede Transaktion und damit die Schaffung von Systemen, welche kontinuierlich von den Konten des Kunden ziehen können. Bitcoin ist grundsätzlich anders, es werden keine Informationen bereitgestellt, welche direkt die Identität des Nutzers offenbaren (nur die öffentliche Adresse des Nutzers, welche ein Pseudonym ist). Alle Nutzer digitaler Währungen und Zahlungssysteme können Schritte zur weiteren Stärkung ihrer Privatsphäre ergreifen, doch der Fluss des Geldes bleibt immer transparent. Dadurch werden viele Block-Chain basierende Währungen zu einem sicheren Hafen für sensible und private Daten, aber nicht zu einem Ort um Geld zu verstecken.

Unter dem Eindruck der verschiedenen Lecks und Sicherheitslücken in den Alt-Systemen der traditionellen Banken und des globalen Zahlungsverkehrs, ist es eine einfache Schlussfolgerung, dass die Verbraucher nicht besser geschützt werden wenn man sie zuerst zwingt die Fähigkeit ihre eigenen Daten zu kontrollieren aufzugeben und dann Dritten (Zwischenhändlern, Banken, Clearingstellen, Kreditkartenausstellern) anzuvertrauen welche schon so oft und komplett im Schutz ihrer Kunden und deren Daten nicht nur versagt haben, sondern diese ganz legal weiterverkaufen.

Die Europäische Bankenaufsichtsbehörde (EBA) hat im August 2014 eine lange Stellungnahme[70] zur Verwendung von virtuellen Währungen und den möglichen Gefahren veröffentlicht.[71] Hauptbedenken welche darin geäußert werden sind unter anderem das Risiko des Gesamtinvestitionsverlusts, die hohe Volatilität und mögliche Betrügereien im Zusammenhang mit virtuellen Währungen, vor allem aber langbekannte Problemfelder von Geschäftstätigkeit im Internet. Da die neuen Währungen und Systeme den Transfer von Geld mit der Leichtigkeit des Versands von E-Mails kombinieren – werden grundlegende Sicherheitsmaßnahmen und vernünftiges Verhalten im Netz zu unerläßlichen Merkmalen des allgemeinen Nutzers.

Es sollte eine Leichtigkeit sein mit Hilfe von Passwortgeneratoren, starke Passwörter zu wählen. Auch steht es außer Frage Fremden Ihren E-Mail-Zugang mitzuteilen. Doch im Hinblick auf die neuen Zahlungsmöglichkeiten werden einige Nutzer leider sehr unsanft konfrontiert damit wie von Natur aus unsicher ihre sonst übliche Verhaltensweise und Nutzung des Internets ist.[72]

---

[70] [www.eba.europa.eu/documents/10180/657547/EBA-Op-2014-08+Opinion+on+Virtual+Currencies.pdf]
[71] Welche alle vorhandenen digitalen Währungen in die gleiche Kategorie der "virtuelle Währungen" wirft und mögliche Probleme und Risiken auf sehr allgemeiner Grundlage diskutiert. Die Vorteile der etablierten Block-Chain basierenden Währungen der ersten Generation und ihrer (zweite und dritte Generation) Nachfolger zum Beispielauf die Sicherheit der Zahlungsabwicklung werden vollständig ignoriert..
[72] Die Grenzen und Gefahren nicht zu wissen, was wir tun, als Individuen und Gesellschaft im Ganzen welche gesamtwirtschaftlichen und ökologischen Folgen unsere einzelnen und kollektiven Handlungen haben, werden von unserer globalen Wirtschafts- und Umweltgeschichte aufgezeigt. Hier jedoch tragen persönliche

Das systemische Risiko wird durch die Vernetzung unabhängiger und gleichberechtigter Teilnehmer und durch eine dezentrale und verteilte Zahlungsüberprüfung kompartimentiert. Es gibt keine Zentralbank oder Autorität und keine Konzentration der Macht in den Händen von Zahlungsprozessoren oder Banken. Innerhalb Bitcoin gibt es keine Institutionen, die so systemisch-relevant werden können das sie das ganze System zu stürzen bringen könnten. Kein einzelner Teilnehmer im Netzwerk ist unersetzlich und so besteht keine Risiko auf der Grundlage der Zentralisierung von Institutionen oder möglichen (zentralen) Kompromittierung von Nutzerinformationen.

Das bedeutet jedoch nicht, es gäbe kein persönliches Sicherheitsrisiko. Vor dem Bankenausschuss des kanadischen Senats, beschrieb Andreas Antonopoulos die Situation in einfachen Worten: "Individuelle Bitcoin Wallets, mein Wallet können gehackt werden und wir haben Beispiele davon gesehen. Das System als Ganzes kann nicht gehackt werden." [73]

In Bitcoin wird es nie ein Großleck oder den Verkauf von Benutzer Zugangsdaten geben. Jedes Konto muss einzeln gehackt und eingebrochen werden wodurch solche Angriffe wirtschaftlich weniger plausibel werden.

Doch Niemand sollte seine Haustür offen lassen, während eine Million Dollar auf dem Küchentisch liegt. Gleichsam ähnelt die Auswahl und Vergabe unsicherer Kennwörter zu Ihrem persönlichen Banktresor einer Einladung zum Diebstahl.

Während einzelne Netzwerkknoten von Hackern übernommen werden können und dann falsche Informationen verbreiten hat dies keine dauerhafte Wirkung auf die Integrität des verteilten, dezentralen Netzwerks, in dem Einträge in den gemeinsamen Hauptbuch durch

---

Routine und sonst normales (aber unsicheres)Verhalten direkte persönliche und finanzielle Risiken.

[73] Senate Testimony of Andreas Antonopoulos, Quelle siehe oben

den Konsens der aller Netzwerkknoten entschieden werden.[74] Das darf aber nicht falsch verstanden werden - es ist nicht die Gemeinschaft aller anderen Benutzer sondern aber Netzwerkknoten des Zahlungsprotokolls, welche alle Transaktionen automatisch überprüfen (verifizieren) und Konsens darüber erreichen.

Wenn im traditionellen System sich jemand Kreditkartenunternehmen oder der Datenbanken von großen Einzelhändlern hackt, welche Nutzerinformationen und Kreditkartendaten zentral speichern, können diese Informationen sofort verwendet werden, um direkten finanziellen Schaden zu verursachen.[75]

In (dezentralen) Block-Chain basierenden Währungen gibt es keine zentrale Stelle, welche angegriffen werden könnte, keine überflüssigen Nutzerinformationen oder Konto-Leersaug-Berechtigungen werden gespeichert und können deshalb auch nicht verloren, zugespielt, verkauft oder direkt von dem zugrundeliegenden Zahlungsverarbeitungssystem gestohlen werden.

Diese Tatsache allein macht Block-Chain basierende Währungen sicherer als alle anderen Währung und Zahlungsverarbeitungssysteme welche heute angewendet werden.[76] Doch auch für Block-Chain basierende Währungen trifft zu was für andere komplexe Verfahren und Systeme gilt: individuelle Sicherheit hängt immer vom Wissen, den Entscheidungen und Handlungen des Nutzers ab.

---

[74] The cost of a "51% attack" (to "out-compute" all honest nodes) is currently estimated at about USD 613 171 600, which would fool the system for 10 minutes. Subsequently one hour of this kind of attack would cost around USD 3 682 296 000. (There are currently USD 1.29 trillion in circulation)
[75] Mann, Ian, Hacking the human: social engineering techniques and security countermeasures, Gower Publishing, 2008, ISBN: 978-0-566-08773-8
[76] Stellen sie sich vor das 40% der Kosten von z.B. Visa Card Betrugsvention und Betrugsfallmanagement sin. Stellen sie sich den gleichen Anteil an vermiedenen Kosten vor.

5.3 Unpartieisch und fast konstenlos - Abschaffung der Gebühren und Kosten von Mittelsmännern

Der Nutzen von Ripple und Stellar als Zahlungsprotokoll ist dem Bitcoin-Protokoll überlegen sei es nur wegen der schnelleren Verifizierung von Transaktionen und dem Angebot von integrierten Börsen (Gateaways) welche es nicht erfordert das der Nutzer selbst eine potenziell schwankende interne Rechnungseinheit kaufen muss um teilnehmen und handeln zu können.[77]

Als Wertaufbewahrungseinheit (value token) scheint Bitcoin robuster (länger erprobt), da komplett unabhängig von Schuldscheinemittenten (kein Emittentenrisko).[78]

In betriebswirtschaftlicher Hinsicht liegt der Vorteil von Block-Chain basierenden Währungen hauptsächlich darin, dass sie es den Unternehmen und Einzelpersonen gleichermaßen ermöglichen Banken und andere Vermittler samt ihren Gebühren gänzlich zu umgehen (und außen vor zu lassen). Insbesondere die genannten digitalen Währungen und Zahlungsprotokolle ermöglichen Unternehmen und Privatpersonen gleichermaßen sich die zu hohen Gebühren und Provisionen welche auf zu langsame und rein mechanische Leistung erhoben werden (die einfache Buchführung und Übertragung von Nummern von einem Konto zum anderen) zu sparen. Übertragungen sind fast kostenlos.

Bitcoins können nicht aufgebläht werden (quantitative easing), keine Regierung kann das dezentrale Prokollnetzwerk zwingen, mehr Bitcoins abzubauen oder zu drucken und zu liefern. Die Ursachen für Währungsinflation und Kaufkraftverlust durch Geldabwertung werden so ganz direkt begrenzt, im Wesentlichen werden

---

[77] Abgesehen von einer kleinen Mindesteinlage, von der die Transaktionsgebührenabgezogen werden.
[78] Bitcoin Cryptocurrency Crash Course with Andreas Antonopoulos- Jefferson Club Dinner Meetup [http://www.youtube.com/watch?v=JP9-lAYngi4]

Regierungen auch ihrer Fähigkeit beraubt Geld durch den Druck des Selben oder die Gewährung von Krediten zu beschaffen. Auch Staatsanleihen könnten dann nur bis zu einem bestimmten Volumen emittiert werden ab dessen deren Rückzahlung (gemessen an den Staatseinnahmen und Vermögenswerten) unwahrscheinlich wird.

Sicherlich kann man einen inflationären Quotienten der Bitcoins auf der Grundlage der Ausgabe der abgebauten, neu erschaffenen Bitcoins berechnen. Doch die Nachfrage nach Bitcoins ist viel höher, wodurch eine größere deflationäre Wirkung erzielt wird. Herr Antonoupolus nennt es "einen festen bewusst deflationären Effekt", der in der [Bitcoin] Währung eingebaut ist.[79]

Beraubt der Fähigkeit "ihre" Landeswährung aufzublasen würde es Regierungen sehr schwer fallen Geld für teure langfristige Auslandsengagements (Kriege) aufzubringen. Geld sparen und Kriege verhindern (oder zumindest die Finanzierung schwieriger machen) – geht es noch besser?

5.4 Zugang für alle, Kontrolle durch alle

Das Bitcoin-Protokoll kennt keine Ferien und ist für den Geschäftsbetrieb durchgehend geöffnet. Computer schlafen nicht. Der Bitcoin Quellcode ist offen einsehbar (open source), was wichtige Auswirkungen auf die Sicherheit des Systems hat, und vor allem das starke Vertrauen seiner Nutzer untermauert.

Wenn Schwachstellen (und Sicherheitslücken) bekannt werden, haben Sicherheitsexperten und Entwickler die Wahl, diese sofort und vollständig offen zulegen, so dass der Nutzer selbst Maßnahmen ergreifen kann. Doch die sofortige und vollständige Offenlegung von Gefahren und Schwachstellen birgt in sich das Risiko das die Informationen nicht jeden Nutzer rechtzeitig erreichen, oder gar dass

[79] Bitcoin Cryptocurrency Crash Course with Andreas Antonopoulos- Jefferson Club Dinner Meetup [http://www.youtube.com/watch?v=JP9-lAYngi4]

"Hacker" erst auf offene Schwachstellen aufmerksam gemacht werden.

Die meisten digitalen Währungen und Zahlungsprotokolle auf der Grundlage der Block-Chain Technologie sind Open Source, was bedeutet, dass der Code der Software öffentlich einsehbar und bekannt ist, was jeden Entwickler und Nutzer erlaubt die Sicherheit und Stabilität des jeweiligen Systems selbst zu überprüfen.[80] Kein Kunde sollte jemals ein Zahlungsabwicklungssystem anwenden, das seine Richtlinien und Verfahren geheimhält oder dem Kunden direkt oder indirekt wissen lässt: "Das brauchen Sie nicht gar nicht zu wissen".

Open Source ermöglicht vielen Experten und normalen Nutzern die Jagd auf Sicherheitslücken in der Software und den Verfahrensweisen des Zahlungsprotokolls wodurch viele Risiken vermieden und Lücken geschlossen werden können, bevor das Protokoll breite Akzeptanz gewinnt.

Eine weitere Möglichkeit, mit Sicherheits- und Stabilitätsproblemen umzugehen ist, die Sicherheitslücke durch schnelle Updates zu beseitigen. Die Fähigkeit Probleme schnell zu beheben hängt jedoch davon ab A. von dem Wissen, dass ein Problem besteht und B. von den Ressourcen und dem Wissen wie das Problem am Besten zu beheben ist. Ein einziges Team von Entwicklern ist sich vielleicht nicht immer über allen möglichen Angriffspunkte (Exploits) in ihrem Code bewusst. Auch haben interne Entwicklungsteams in der Regel nur begrenzte Ressourcen, um ein bestimmtes Problem zu beheben.

Der Vorteil des Open-Source-Ansatzes ist deshalb auch, dass Software-Risiken schnell von einer größeren Gemeinschaft von Nutzern und Experten gefunden und möglicherweise auch schneller

---

[80] Sonst kauft doch niemand gern die Katze im Sack aber was Bankengeschäfte und komplexe Finanzprodukte betrifft haben sich in der Vergangenheit viele auch institutionelle Investoren von Renditeversprechen blenden lassen. Intransparenz und Unwissen hat immer seinen Preis.

auf der Basis ihrer Vorschläge behoben werden können.

Die systemische Sicherheit des Protokolls von Block-Chain basierenden Währungen steht außer Frage, wenn ihr (offener) Quellcode von Experten und der Öffentlichkeit überprüft und ausgewertet wird. Wenn dann doch noch Sicherheitslücken entdeckt werden, welche den Augen von so vielen Auditoren und Entwicklern entgangen sind können diese nahezu sofort über Updates behoben werden.

5.5 Die Kosten von Zentralisierung und Planwirtschaft sind bekannt

Die Zentralisierung von Entscheidungsgewalt und Autorität erfordert Aufsicht und Regulierung welche unausweichlich zur Erhöhung der Kosten des (wirtschaftlichen) Austausches führt. Der Ansatz zu Sicherheitsmaßnahmen und Kundenschutz im traditionellen System ist die Kunden vor Missbrauch durch das traditionelle Bankensystem selbst zu schützen, führt aber unweigerlich zu wirtschaftlicher Ausgrenzung durch erhöhte Kosten, Widerstand gegen Innovation und zu Barrieren gegen Markteintritt möglicher Konkurrenz.

In seiner Aussage vor der Ständigen Senatskommission für Banken des kanadischen Parlaments beschriebt Andreas Antonopoulos die Nachteile des traditionalen zentralisierten „Legacy-Systems" mit sehr harten Worten[81]: "Die Funktionsträger im Zentrum der traditionellen Finanznetzwerke haben umfassende Entscheidungsgewalt, wirken mit voller Autorität und müssen deshalb sorgfältig untersucht und überwacht, reguliert und einer strengen Aufsicht unterworfen werden. Zentralisierte Finanznetzwerke können nie vollständig offen gegenüber Innovation sein, weil ihr gesamtes Sicherheitskonzept auf Zugangskontrolle basiert. Gegenwärtige Funktionsträger solcher Netze nutzen Zugangskontrolle [und andere Instrumente] effektiv mit dem Ziel Innovation und Wettbewerb zu verhindern, geben dies

---

[81] Senate Testimony of Andreas Antonopoulos, Quelle siehe oben

aber als Verbraucherschutz aus."

Zentralisierung bewirkt auch Instabilität (Fragilität) wenn einzelne Akteuren und Institutionen so groß und dominant werden, das sie für die Stabilität des gesamten Systems unerläßlich sind.
Machtkonzentration in den systemisch-relevanten Institutionen macht staatliche Interventionen und Rettungsaktionen erforderlich. Dies bedeutet letztlich das in Zeiten von Wirtschafts- und Finanzkrisen der Steuerzahler (gezwungen wird), die Institutionen zu retten, welche den Wettbewerb behindern und damit in die Lage gesetzt werden, eine Gebührenstruktur durchzusetzen welche nicht wirklich auf den tatsächlichen Kosten von Finanztransaktionen basiert.

Es ist eine Lehre aus der Finanzkrise von 2008/2009 (Subprime-Immobilienkrise / Welt-Finanzkrise), dass die konzentrierte wirtschaftliche (und politische) Macht des traditionellen Finanzsystem zur Vereinnahmung des Regulierungsakteurs (regulatory capture der Aufsichtsbehörden) durch den eigentlich zu beaufsichtigenden (Finanz-) Sektor geführt hat.[82]

Die Befangenheit der Kontrolleure, der Markt-Macht-Missbrauch, die Korruption, die Intransparenz und Komplexität der angebotenen Produkte, das Wetten gegen jene Produkte, die für institutionelle Anleger "mit den höchsten Bewertungen" gepriesen wurden, die neuerlichen Wechselkurs- und Zinsabsprachen (Libor, etc.), sind nur kleine Beispiele und Symptome der größeren systemischen Probleme der traditionellen Finanzinstitutionen und der Unfähigkeit bzw. mangelnden Bereitschaft der Regierungen, Recht und Gesetz gleichmäßig in allen sozialen Schichten und Wirtschaftsfeldern umzusetzen.

---

[82] Im Fall von Derivativen in den USA der komplette Verzicht auf staatliche Regulierung und Aufsicht bzw. Kontrolle und im Besonderen die Abschaffung des Glass-Steagall Act in Jahr 1999.

Digitale Währungen welche auf der Block-Chain Technologie basieren vermeiden viele der systemischen und inhärenten Gefahren des traditionellen Systems durch Transparenz und ein neues Modell des dezentralen, offenen, (und somit analysierbarem) wirtschaftlichen Austausches.

5.6 Zugang und wirtschaftliche Teilhabe

Niemand kann von der Teilnahme und der Nutzung der Vorteile von Block-Chain basierenden Währungen abgehalten werden. Das Bitcoin-Netzwerk ist offen für alle sich zu beteiligen, ohne Überprüfung der Identität, ohne Authentifizierung und ohne vorherige Genehmigung. Das Netzwerk differenziert nicht nach Nationalität und Ethnizität oder ob es eine funktionierende (Banken-) Infrastruktur in unmittelbarer Umgebung des Nutzers gibt oder nicht.

Das traditionelle Bank- und Zahlungsverarbeitungsmodell stützt sich auf zentrale Steuerung. Sicherheit ist abhängig von einer zentralen Autorität. Das gesamte Design des traditionellen Finanznetzwerks konzentriert sich und ist abhängig von systemrelevanten Institutionen und Clearingstellen mit zentralisierten Sicherheitsverfahren. Sicherheit wird verwaltet, Autorität wird ausgeübt und Entscheidungsgewalt im althergebrachten System wird durchgesetzt von zentralen Institutionen mit linearen Sicherheitsverfahren.

Dies führt zu einem Sicherheitskonzept das in seiner hierarchischen Struktur weitgehend einer Pyramide ähnelt. Das Problem mit diesem Finanzmodell ist, dass den unteren Kategorien (bzw. Schichten) von Teilnehmern (und Kunden) in diesem Wirtschaftssystem kein offener, vollständiger und gleichberechtigter Zugang gewährt wird. Je weiter unten in Hierarchie und Kategorie desto begrenzter sind Zugangsrechte und ist damit letztlich die wirtschaftliche Teilhabe des einzelnen Kunden und (größerer) potentieller Nutzergruppen begrenzt.

Dem Fundament der Pyramide, welche den größten Teil der Weltbevölkerung repräsentiert, wird kein Zugang (und keine Teilhabe) gewährt oder werden nur die Basisdienste zur Verfügung gestellt, doch zur gleichen Zeit, für einen geringeren Zugang und Service zu diesen Diensten, werden proportional höhere Gebühren und Provisionen (Kosten für Austausch im Allgemeinen) berechnet und oft mit Kundenschutz, Sicherheitsmaßnahmen und (Ausfall-) Risiko begründet.

Dies ist eine Sicherheits- und Wirtschaftsmodell , das durch eine strikte Steuerung von Zugang ökonomische Ausgrenzung bewirkt und favorisiert und somit großen Teilen der globalen Gesellschaft Zugang und Teilhabe an wirtschaftlichem Fortschritt verweigert. Ein weiterer Grund warum so viele und breite Bevölkerungsgruppen ausgeschlossen werden ist dass die Kosten für die Einführung der alten Infrastruktur höher sind als das was die potentiellen Kunden möglicherweise an Gebühren bezahlen können, bzw. was als Profit erwartet und vorgegeben wird. Fazit: Die veraltete traditionelle Banken- und Finanzinfrastruktur ist einfach zu teuer.

5.7 Eigentumsrechte und globale Teilhabe

Moderne Wirtschaftstheorie ist fest in der Überzeugung verwurzelt, dass jeder vom freien Handel und dem ungehinderten Austausch von Waren und Dienstleistungen profitiert (Richardo's Theorie des komparativen Vorteils). Alle Handelshemmnisse sind in der Regel schlecht für die Weltwirtschaft (als Ganzes). Darum befürworten viele Ökonomen in der Regel Politik und Wirtschaftssysteme, welche den internationalen Handel erleichtern und Handelsschranken abbauen. Es ist eine Tatsache, dass Bitcoin und andere Block-Chain basierende Systeme den freien Handel von Waren und Dienstleistungen erleichtern (unkomplizierter, schneller, vertrauens- und risikofrei).

Bitcoin ist das Erste weltweit verfügbare Zahlungsverarbeitungssystem zum Senden von Werten. Bitcoin als

Bezahlsystem ist ein sehr mächtiges Instrument welches zweifellos die anhaltende Globalisierung des Handels unterstützen wird – diese jedoch zum ersten Mal vollkommen transparent zu machen in der Lage ist und den Zugang für alle (Länder, Personen und Industriezweige) zu den gleichen Bedingungen gewährt.

"Wirtschaftswissenschaftler, die ihre Wurzeln und Überzeugungen treu bleiben sollten diese Chance erkennen." Kenny Spotz[83]

Hernando de Soto untersuchte, warum der Kapitalismus im Westen erfolgreich war aber im besten Fall nur gemischte Ergebnisse in vielen anderen Ländern erbracht hat. Seine Antwort beschreibt den Mangel an liquiden Mitteln in den „unterentwickelten" Volkswirtschaften. Das Thema was denn nun Eigentum zu liquidem Kapital macht (und wie es erschaffen wird und dann zu einem Ausgangspunkt für wirtschaftliche Entwicklung mutiert) führt De Soto auf die den Prozess der (offiziellen) Zertifizierung und Beglaubigung von Eigentumsrechten, Titeln und Gründungsvorschriften (Rechtsformen) zurück.

"Die armen Einwohner dieser Länder-fünf Sechstel der Menschheit-haben Dinge, aber es fehlen ihnen die Verfahren, um ihr Eigentum zu offiziell zu repräsentieren, es in [liquides] Kapital umzuwandeln. Sie haben Häuser, aber kein Grundbuch; Ernten aber keinen Pachtvertrag; Unternehmen aber ohne [übertragbare] Rechtsform. Es ist die Nichtverfügbarkeit dieser wesentlichen Titel und Beglaubigungen, welche erklärt, warum Menschen [Länder], die sonst jede andere westliche Erfindung übernommen haben, von der Büroklammer bis zum Kernreaktor, nicht in der Lage sind ausreichend Kapital zu akkumulieren um ihren inländischen Kapitalismus [ihre Wirtschaft] zum Laufen zu bringen. " Hernando

---

[83] Kenny Spotz in his article on "why economists should love bitcoin" [http://cointelegraph.com/news/112813/4-reasons-why-economists-should-love-bitcoin]

De Soto[84]

Bitcoin erschafft ein supra-nationales Register, das jedermann erlaubt zuzugreifen und einzutragen Titel, Beglaubigungen und Eigentumsrechte und so sein Vermögen in liquides (übertragbares) Kapital zu verwandeln. Es ermöglicht dies auch den benachteiligten Gesellschaftskreisen (Ländern) und unter Vermeidung von lokalen (ineffizienten oder nicht existenten) Regierungen und deren instabilen oder inflationären (oder eingeschräkt kovertierbaren, nur im Inland tauschbaren) Währungen.

Die Block-Chain-Technologie kann damit sonst totes Eigentum in beglaubigte Vermögenswerte, Titel und liquides Kapital verwandeln, das gehandelt und genutzt werden kann. Es erlaubt sogar die Einbindung von Kleinstbauern in globale Märkte, indem es ihnen Handel und Vertragsbeziehungen (und Investitionen) in sonst dysfunktionalen Verwaltungs- / Regierungsumgebungen ermöglicht.

Entrechteten und benachteiligten Gesellschaftsschichten auf der ganzen Welt kann (durch Bitcoin und andere Block-Chain basierte Systeme) Zugang gewährt werden zu offenen, demokratischen und dezentralisierten Formen von Bürokratie und anderen staatlichen bzw. offiziellen aber privaten Dienstleistungen zu minimalen Kosten.

5.8 Überholen ohne einzuholen? Direkt auf den Weltmarkt!

Andreas Antonopoulos beschreibt Bitcoin als[85] "eine Technologie, die die Möglichkeit bietet Milliarden von Menschen [wirtschaftlich] teilhaben zu lassen, in der gleichen Weise, wie Mobilfunk-Technologie ganzen Nationen erlaubt hat die Festnetztechnologie zu überspringen und direkt auf dem Niveau der mobilen Kommunikation einzusteigen [...] Bitcoin kann das Gleiche im

---

[84] Hernando De Soto, The Mystery of Capital: Why Capitalism Triumphs in the West and Fails Everywhere Else, Basic Books, 2003, ISBN: 978-0465016150
[85] Senate Testimony of Andreas Antonopoulos, Quelle siehe oben

Banken- und Finanzensektor leisten. Es kann Milliarden von Menschen auf der ganzen Welt Zugang gewähren zu den Bereichen Geldüberweisungen, internationale Finanzen und Kredit, Zugriff auf Liquidität und Darlehen usw."

Bitcoin und andere Block-Chain basierende Währungen sind digitales Geld welches reibungslos in eine wirtschaftliche Umgebung eingeführt werden kann ohne die Notwendigkeit für den Bau einer massiven Infrastruktur. Durch drahtlose (Mobilfunk-) Technologien, welche eine Internet-Verbindung möglich machen, können Bank- und Finanzdienstleistungen in Regionen bereitgestellt werden, welche im Moment aus Mangel an (traditioneller westlicher Finanz-, und Kommunikations-) Infrastruktur völlig isoliert sind.

Der Nutzer eines einfachen „Smartphone" kann als Bank Tausenden von Kunden durch Textnachrichten (SMS) Zugriff auf und den Handel an den Märkten der Welt ermöglichen selbst wenn diese nur (nicht Smart, aber SMS-fähige) Telefone besitzen.

Block-Chain basierende Währungen sind, als ob man eine neue Sprache erfunden hat, die jeder sofort verstehen und nutzen kann. Es ermöglicht die Verbindung von Menschen untereinander und mit Märkten. Es verbindet lokale Märkte mit dem globalen Welthandel. Jenseits der bloßen Teilnahme werden neue Märkten geschaffen und die Nutzer dieser Systeme werden ihre eigenen Banken. Es erlaubt jedem, egal woher er kommt, welche formalen Sprache er spricht oder wieviel Schulden seine natürliche / offizielle Regierung angehäuft hat sich zu beteiligen und Teilzuhaben. Es gibt ganzen Bevölkerungsgruppen die Kontrolle über ihre eigenen Finanzen und direkten Zugang zu einem unverzerrten lokalen und internationalen Markt.

5.9 Transparenz, Ordnung, Strafverfolgung

Es gibt einige leider oft wiederholte Vorurteile, welche überwiegend auf der Missinterpretation, bzw. dem Missverstehen basieren wie das

Block-Chain Protokoll wirklich funktioniert und was es laut seinen Design ermöglicht.[86]

Frau Haymond (Master Card) zum Beispiel klassifiziert Bitcoin in folgender (ihrer üblichen) Weise[87]: "Das bedeutet, dass kein Verbraucherschutz, keine Angaben zur Identität, keine Fehlerkorrektur, keine Streitschlichtung und keine Rechte und bei Verlust oder Deibstahl. Wenn Sie diese Faktoren berücksichtigen, ist es offensichtlich, dass ein Teil der Anziehungskraft von Bitcoin auf der Unfähigkeit vieler Strafverfolgungsbehörden basiert, Geschäfte [Transaktionen] zu verfolgen, und diese Anonymität macht [Bicoin] zur bevorzugten Zahlungsmethode für die Unterwelt".

Im Gegenteil ermöglicht das gemeinsame öffentliche Hauptbuchbuch jedem Nutzer (und jeder Steuer- oder Strafverfolgungsbehörde) alle Transaktionen des Zahlungsprotokolls zu beobachten und nachzuvollziehen (vollständige Offenlegung, volle Transparenz, in Echtzeit). Wahr ist, dass einzelne Transaktionen nicht direkt an eine bestimmte Identität oder physikalische Adresse gebunden sind. Doch alle Transaktion können durch das gesamte Netzwerk nachverfolgt und offen eingesehen werden. Wenn dann eine Identität einer bestimmten öffentlichen Adresse bzw. Transaktion (beispielsweise durch die KYC / AML Verfahren an Börsen oder anderen Schnittstellen mit dem traditionellen System) zugeordnet werden kann, beweisen sich die herkömmlichen Strafverfolgungsmechanismen und Prozeduren als weiterhin effektiv und Bitcoin bietet an sich nicht mehr Anonymität als beispielsweise Bargeld oder Giro Geld - ist aber weitaus einfacher zu verfolgen.

Es ist eine bekannte Tatsache, dass die Vernetzung und

---

[86] Komplette Liste an Mythen: [https://en.bitcoin.it/wiki/Myths]
[87] The Standing Senate Committee on Banking, Trade and Commerce, Issue 14 - Evidence - October 1, 2014, Ottawa [http://www.parl.gc.ca/Content/SEN/Committee/412/banc/14ev-51603-e.htm?Language=E&Parl=41&Ses=2&comm_id=3]

Digitalisierung von Information zu einem verminderten Maß an Privatsphäre geführt hat. Bitcoin bietet hier keine große Ausnahme. In der Tat, ist es einfacher starke Transparenz und Verantwortlichkeit im Netzwerk von Block-Chain basierenden Währungen umsetzen, als starke Anonymität zu erreichen. Das Streben nach vollkommener Anonymität und umfassenden Schutz der Privatsphäre mit Bitcoin würde über die Kenntnisse und Fähigkeiten der normalen Nutzer gehen.[88]

Doch auch innerhalb der alten nationalen Fiat-Währungen und des traditionellen Finanz- und Bankensystems werden Verfahren geboten, und existieren Methoden, um die Herkunft und Verwendung von Gelder zu verschleiern und die Identität des Senders und Empfängers zu schützen. Unternehmen und Privatpersonen gleichermaßen finden es (mit Hilfe von Spezialfirmen und entsprechender Rechtsberatung) wenig schwer internationale und lokale Gesetze so zu navigieren, das sie Identitäts- bzw. Steuerpflichten in großem Maßstab vermeiden.[89]

Anonymität bzw. der Schutz der eigenen Privatsphäre ist vielen Nutzern (ganz zu Recht) eine wichtige Funktion und Verhaltensweise im sicheren Umgang mit den Internet. Egal ob nun im traditionellen System oder mit Block-Chain basierenden Währungen – Mittel und Wege finden sich fast immer für den der danach sucht (bzw. entsprechende Rechtsberatung hinzuzieht).

Der größere Gebrauchswert und das weit größere Anwendungspotenzial von Block-Chain basierenden Währungen liegt

---

[88] Anonymität / Abstreitbarkeit hat sich auch für die Betreiber der illegalen Silk Road 1.0 (und vor kurzem 2.0), welche verbotene Substanzen online unter Benutzung von Bitcoin als Zahlungssystem verkauften als technisch und praktisch nicht Erreichbar erwiesen. Das FBI der Vereinigten Staaten war unter Anwendung ehr traditioneller Strafverfolgungsmethodik sehr wohl in der Lage vermeintliche Hintermänner auswendig zu machen und festzusetzen.
[89] [http://online.wsj.com/articles/luxembourg-tax-leak-puts-eus-juncker-under-further-pressure-1415276250]

aber in deren Transparenz und eindeutiger Nachvollziehbarkeit. Wenn Regierungen und Unternehmen ab heute nur noch Block-Chain basierenden Währungen nutzen würden, wären alle (öffentlichen) Ausgaben und Einnahmen sofort bis ins Detail nachvollziehbar (bis zur letzten Büroklammer).

Das gemeinsame Register (die Block-Chain) ist offen für die Öffentlichkeit und alle Strafverfolgungsbehörden und deren Zweige und Dienststellen können die enthaltenen Informationen direkt zur Analyse in Echtzeit verwenden, ohne besondere Anforderungen (technisch oder rechtlich) erfüllen zu müssen. Die meisten europäischen Länder folgen strikten Datenschutzbestimmungen und Gesetzen zu Bankgeheimnis und Privatsphäre, welche Strafverfolgungsbehörden verpflichten rigiden und langwierigen Prozeduren zu folgen und u.U. zum Beispiel um die Herausgabe von privaten Informationen im Umgang mit traditionellen Banken zu bitten. In Bezug auf Bitcoin kann jeder Werkzeuge wie den Block-Chain- Explorer [https://blockchain.info/] nutzen um seine eigenen oder andere öffentliche Adressen zu analysieren. Niemand muss Formularen ausfüllen und um Information bitten, denn diese ist bereist öffentlich.

"Kenne deinen Kunden" (KYC) und "Anti-Geldwäsche" (AML) Prozeduren sind weitere Transparenzregeln welchen die Börsen des neuen Systems bereits folgen und somit das Gross and Bitcoin Adressen bereits an traditionelle Konten (und deren Nutzer-Informationen) binden.

"Wie bei jeder Technologie wird diese Innovation alle Gesellschaftsschichten wiederspiegeln, und es gibt eine kleine Minderheit, die versuchen wird, [Bitcoin] für das Böse [illegale Aktivitäten] zu verwenden. Aber ich habe volles Vertrauen, dass die Strafverfolgungskapazitäten richtig ausgeübt werden können, Mittel [Einlagen, Finanzen] können in Bitcoin genauso wie in den traditionellen Finanznetzwerken nachverfolgt werden wahrscheinlich noch mehr [und einfacher] als sie das durch die traditionellen Finanznetzwerke können." Andreas Antonopoulos[90]

5.10 Geld das funktioniert, statt Geld das ständing Wert verliert!

Nur Bits und Bytes auf dem Computer – handelt es sich bei Bitcoin wirklich um die zukünftige Form des Wertaustausches (von Geld)? Bitcoin und andere digitale Währungen erfüllen die Anforderungen an und Eigenschaften von Geld - welche im allgemeinen als Knappheit, Haltbarkeit, Teilbarkeit, Fungibilität, Erkennbarkeit beschrieben werden - mit Bravour.

Bitcoin wird durch die mathematischen Algorithmen in seinem Quellcode gesteuert. Diese Algorithmen bieten dem Anwender zuverlässige Ergebnisse und Objektivität gegenüber politischen motivierten (und geheimen) Finanz- und Währungsentscheidungen. Keine Regierung kann entscheiden, mehr Bitcoins drucken oder zu schlagen (und so Inflation zu verursachen), da es nicht in ihrer Hand liegt. Die aktuelle Formel begrenzt die Gesamtzahl der Bitcoins welche abgebaut bzw. erschaffen werden können auf maximal 21 Millionen bis zum Jahr 2140.

Darüber hinaus haben sich die Börsen (die Banken des neuen Systems) fast ausschließlich einer 100%igen Einlagensicherrung (100% Reserve Standard) und regelmäßigen externen Revisionen (Audits) und Einlagennachweisverfahren unterworfen. Im Vergleich dazu basiert das Versprechen der Zentral- und Notenbanken (im traditionellen System) scheiternde Banken und Finanzinstitute und die Einlagen derer Kunden zu retten fast ausschließlich auf dem Regierungsmonopol Geld zu drucken bzw. die Steuern zu erhöhen. In beide Fällen werden gescheiterte spekulative Aktivitäten bzw. Mißwirtschaft belohnt, indem das Ausfallrisiko und die Milliardenbeträge welche zur Rettung oder für eine Bürgschaft nötig

---

[90] Senate Testimony of Andreas Antonopoulos, Quelle siehe oben

sind auf die Allgemeinheit umgeschichtet werden.

Der Bitcoin Abbauprozeß stellt sicher das Bitcoins garantiert knapp sind (**Knappheit**). Andere digitale Währungen (z.b. Stellar) können aber auch um z.b. das Horten der Werteinheiten zu verhindern stabile Werte von Mengeninflation festlegen. Was alle Block-Chain basierenden Währungen gemeinsam haben, ist dass die gemeinsamen Aufzeichnungen (das Hauptbuch) redundant auf Tausenden von Computern gesichert ist und jeder Benutzer seine öffentlichen und privaten Schlüssel selbst durch viele unterschiedliche Maßnahmen zusätzlich sichern kann, so dass letztlich Bitcoins einen sehr haltbaren und belastbaren Vermögenswert (**Haltbarkeit**) darstellen. Bitcoin, Ripple und Stellar sind extrem **teilbar** (bis 10^{-8} Einheiten).[91]

Digitale Währungen sind im Allgemeinen sehr einfach und schnell zu übertragen - auch auf internationaler Ebene (**Fungibilität**). Die Überprüfung auf Echtheit erfolgt fast in Echtzeit und eine hohe Verschlüsselungsrate macht die modernen Block-Chain basierenden digitalen Währungen fälschungssicher (**Erkennbarkeit**).

Diese Eigenschaften machen es möglich, dass das Geld (dass auch die modernen Block-Chain basierenden digitalen Währungen) sich hervorragend eignen als:

- **Tauschmittel,**

- **Rechnungseinheit,**

- **Wertspeicher.**

Die Portabilität des traditionellen Geldes hat es oft ein leichtes Ziel für Diebstahl gemacht. Digitale Währungen sind davon nicht ausgenommen. Wo jedoch die Langzeitlagerung von traditionellen

---

[91] 21 Million Bitcoins können jemals bis zum Jahr 2140 erschaffen werden. Jede Bitcoin kann bis 10^{-8} geteilt werden was theoretisch insgesamt 2.099.999.997.690.000 Werteinheiten ergibt. (Ca. 100 Mal die Anzahl roter Blutkörperchen im menschlichen Körper).

Geld möglicherweise nicht von Vorteil ist, wenn Regierungen entscheiden mehr davon zu drucken, bietet eine dezentrale digitale Währung (z.b. Bitcoin) eine echte Alternative da sie außerhalb des traditionellen Systems und der von einer Regierung oder Zentralbank kontrollierten Geldpolitik steht.

Man könnte argumentieren, dass Bitcoins keinen inneren Wert haben, aber das ist eine Eigenschaft, die sie mit ihren von Regierungen ausgestellten Vorgängern teilen.[92] Traditionelle Münzen und Papiergeld sind leicht zu drucken und zu schlagen. Der Wert der Rohstoffe aus denen sie gemacht sind steht heutzutage (da Münzen nicht mehr aus Gold sind) in keinem Vergleich zu dem Wert, den sie nominell repräsentieren und speichern. Giro Geld in einer beliebigen Währung hält einen noch geringeren inneren (inhärenten) Wert, da es genauso wie Bitcoins nur Bits und Bytes auf einem Computer ist. Der Unterschied ist, das Bitcoins verschlüsselt sind und daher nicht aus dem Nichts geschaffen werden können, wie es zum Beispiel mit Giro Geld, Darlehen und Kredit der Fall ist welches die traditionellen Banken schaffen und dann als Aktiva (Vermögenswert) in ihre Bücher schreiben. Verschlüsselte Bitcoins, verschlüsselte dezentrale Währungen sind in sich selbst sicherer und traditionellem Giro Geld weit überlegen.

Die Block-Chain gibt keinen Kredit, noch leiht sie das Geld des Nutzers aus. Der Nutzer kann natürlich sein Einverständnis zu solchen Finanzgeschäften geben oder auch seine Bitcoins als Grundlage für ein Mindestreservesoll-Modell der Kreditinstitute (fractional reserve banking) bereitstellen dies geschieht jedoch nur auf ausdrücklichen Wunsch des Nutzers und ist nicht als Teil des Bitcoin-Protokolls vorgesehen bzw. mit dem Hauptbuch möglich. Die meisten Börsen Block-Chain basierender Währungen sehen bis jetzt keinen Vorteil in der Einführung eines Geschäftsmodells und einer Geldpolitik welche auf einem geringeren Mindestreservesoll

---

[92] Alan Greenspan hat's gemacht .

(fractional reserve banking) basiert, sondern halten für alle Einlagen der Nutzer zu 100% volle Reserven.

Der wahrgenommene und akzeptierte Wert der Meisten von Regierungen ausgegebenen Währungen basiert auf dem kollektiven Glauben, dass der Wert welcher auf den Papierscheinen und Metalmünzen verzeichnet ist (bzw. auf dem Bankkonto verbucht ist) geschützt und relativ stabil ist.[93] Die Regierung(en) schaffen und schützen nationale (und im Falle des Euro – supra-nationale) Währungen, indem sie diese zum gesetzlichen Zahlungsmittel erklären und manchmal auch durch Verbot anderer alternativer Währungen. Die Regierung sichert die Nachfrage nach der eigenen Währung durch Rechtskraft. Faktisch erstellt eine Regierung in solchen Fällen ein Monopol. Die breite Öffentlichkeit und Unternehmen akzeptieren die (Landes-) Währung da es (gezwungener Maßen) der einzige Weg ist Steuern zu zahlen und öffentliche Schulden zu begleichen.[94]

Trotz der Erfüllung der geforderten Eigenschaften an Geld sind digitale Währungen derzeit nicht von (allen) Regierungen genehmigtes oder geregeltes, bzw. gesetzliches Zahlungsmittel. Wie bei anderen Arten von privaten Geld bzw. Wertgegenständen hat (in den meisten Ländern) jeder einzelne Nutzer oder Händler das Recht diese als alternatives Zahlungsmittel zu akzeptieren oder nicht solange bis gesetzliche Regelungen eingeführt werden welche dem widersprechen.

"Die Regierung versuchen, den Wert des Geldes zu schützen indem

---

[93] Dieser Glaube ist nicht immer gerechtfertigt, sondern oft sehr leicht zerstört. Nur wenige Regierungen sehen sich in der Lage den Wechselkurs ihrer frei-wechselbaren nationalen Währungen künstlich zu senken oder anzuheben, wenn eine solche Manipulation nicht durch erhebliche wirtschaftliche Kraft untermauert und gesichert ist.

[94] Es ist nicht ungewöhnlich, dass in Zeiten der Krise Regierungen es vorzogen Rohstoffe / Nahrungsmittel statt ihres eigenen gesetzlichen Zahlungsmittels zu akzeptieren.

sie ein Monopols auf seine Produktion Aufrechterhalten um [offiziell] Fälschungen zu vermeiden, und durch die Schaffung einer Zentralbank mit dem Auftrag, die Bereitstellung von und Versorgung mit Geld verantwortungsvoll zu verwalten und zu regeln. [..] Diese Beziehung zwischen Regierung, Zentralbank, Haushalte, Unternehmen und Fiat-Währungen ist wesentlich effizienter als die Alternative Tauschhandel. Es macht auch makroökonomische Schocks viel einfacher zu handhaben als eine Alternative wie der Goldstandard (Wir erinnern uns an die Deflation der Großen Depression in den USA, und vor kurzem in den Ländern der europäischen Peripherie)". John Normand, JP Morgan[95]

Hier genau liegt ein Versprechen der im obigen Zitat nicht ausreichend gewürdigten digitalen Währungsrevolution. Wir Erinnern uns an die "Länder der europäischen Peripherie " und im Detail daran dass die jüngsten "makroökonomischen Schocks" ihren Ursprung in den Aktionen der Regierungen in diesen Ländern in Zusammenarbeit mit den etablierten Finanzinstitutionen hatten.[96] Wir folgern daraus das es ein nötiger Schritt ist die hohe Verantwortung über die Finanz- und Währungspolitik und aus den Händen von Finanzprofis und verzweifelten Regierungen zu nehmen.[97] Finanz- und Währungsdisziplin sowie ethische Standards stehen nicht zur Diskussion wenn Transparenz gleichermaßen über Regierungen, Privathaushalte und Unternehmen verhängt wird. Angesichts der Solidität und Eigenschaften der Block-Chain ist dies

---

[95] John Normand, JP Morgan, Global Rates & FX Research, 11 February 2014, "The audacity of bitcoin: Risks and opportunities for corporates and investors" (GPS-1319815-0) [https://docs.google.com/file/d/0B0xHDZkxOzjMc0cwZFlqbGd4RzJNWkZldk p5QzBYUWFOTUhr/edit?pli=1]

[96] z.B. Griechenland wurde erst durch Beratung durch JP Morgan und andere Institute in die Lage versetzt seine strukturellen Finanzierungsprobleme über längere Zeit schönzurechnen, zu verstecken und weiter zu ignorieren, gleichzeitig aber gingen diese Dienstleister Wetten ein das die Information doch eines Tages allgemein bekannt würde und die Europäische Gemeinschaft dann dafür eintreten werde.

[97] der gegenseitig waschenden Parteien von

keine theoretische Überlegung sondern eine praktische Option.

Die Block-Chain Technologie kann ein System auf der Basis einer insgesamt limitierten (Bitcoin) und langsam wachsenden Geldmenge einführen, ist aber auch flexibel genug, um ein bescheidenes Maß an kontinuierlicher Inflation (Stellar) festzulegen.

5.11 Kleiner Blauer Planet – Nicht mal das Universum ist unendlich

Die meisten modernen Demokratien leiden an dem Problem, das was politisch sinnvoll ist, ist wirtschaftlich oft eine schreckliche Idee. Regierungen greifen gern zurück auf das Drucken von Geld, um ihre politischen Ambitionen zu finanzieren, bzw. neue Schulden zu ermöglichen. Das Problem mit dem Drucken von Geld (und der Aufnahme neuer Schulden) ist, dass es die Menschen die es tun und ihre Länder korrumpiert.

Resultierende Inflation ist nur ein äußeres Symptom, die Fähigkeit, kostspielige Kriege zu führen - nur ein weiteres Nebenprodukt. Das Hauptproblem ist, dass die Fähigkeit eine Währung aufzublasen die Illusion von Unendlichkeit der verfügbaren Ressourcen auf einem endlichen Planeten erschafft. Preise müssen Knappheit widerspiegeln. Unendliches Geld suggeriert unendliche Ressourcen.

Politische Entscheidungen und demokratische Prozesse werden vernchlässigt, falsche Prioritäten werden gesetzt und verfolgt. Regierungen verschieben schmerzhafte Entscheidungen und ignorieren natürliche und wirtschaftliche Einschränkungen und soziale Notwendigkeiten gleichermaßen.

Wer harte Realitäten und Grenzen erwähnt wird nicht gewählt. Derjenige welcher kontinuierlich steigende Löhnen und Dividenden verspricht, oder einfach nur ein kaputtes System etwas länger am Laufen hält wird mit den höchsten Ämtern belohnt. Wachstum und Erfolg verkaufen sich, Erhaltung und Zurückhaltung sind keine

Themen mit der man ein Wahl (oder einen Manager bzw. Vorstandsposten) gewinnt.

Acht Prozent des US-BIP sind Finanzdienstleistungen, was uns in die Nähe des alten Systems des Zehnten bringt und ist nach Andreas Antonopoulos ein Beweis für die weitverbreitete und überdurchschnittliche Ineffizienz dieser Dienstleistungsindustrie (sein Argument: wenn die Transaktionen effizienter gehandhabt würden wäre ihr Anteil im BIP unmöglich so groß).

Wenn einer Regierung erlaubt ist, seine Währung zu manipulieren wird sie dies aufgrund politischer Bedürfnisse tun welche wenig bis nichts mit rationeller Wirtschaftpolitik zu tun haben. Die Trennung von Politik und wirtschaftlichen/finanziellen Entscheidungen sollte letztlich zu mehr Stabilität insgesamt führen (und auch zu weniger falschen Anreizen in Politik und Wirtschaft gleichermaßen).

"Wir brauchen keine Zentralbank oder eine staatlichen Behörde, welche uns sagt, etwas ist gesetzliches Zahlungsmittel oder besitzt Legitimität basierend auf Gesetzen. Bitcoin ist eine **Demonstration in marktbasierter Legitimität**. Dies allein hat tiefgreifende Auswirkungen auf die Gesellschaft, für Finanzdienstleistungen, aber auch in Bezug auf den Handel digitaler Werte welche weit in die Zukunft reichen, welche wir aber zum jetzigen Zeitpunkt noch nicht in der Lage sind zu begreifen." Jon W. Mantonis, Leiter der Bitcoin-Stiftung[98]

Ebenso bestand F.A. Hayek darauf[99], dass "der freie Markt der einzige Mechanismus ist der jemals entdeckt wurde welcher die Verwirklichung der partizipativen Demokratie ermöglicht hat."

---

[98] [http://cointelegraph.com/news/112813/4-reasons-why-economists-should-love-bitcoin]
[99] F.A. Hayek, Collected Works, Vol. 2: The Road to Serfdom, p 260

5.12 Spekulation und allgemeine Anwendung

Viele Nutzer von (und Investoren in) digitalen Währungen sehen und verstehen den philosophischen und politischen Charakter der dezentralen digitalen Währungen, während sie vor allem die praktischen Vorteile ihrer Anwendung nutzen welche sich daraus ergeben (leichte, billige und schnelle Geldüberweisung). Nicht wenige wurden von der Idee der Spekulation auf schnellen Gewinn angezogen. Es ist nicht zu leugnen, dass die neuen virtuellen Währungen viel spekulatives Momentum anziehen und besitzen was zu hohen Preisschwankungen führt.

Preisschwankungen (Wechselkursschwankungen) in Bitcoins und andere digitalen Währungen basieren teilweise auf unrealistischen Gewinnerwartungen und resultierender spekulativer Investitionstätigkeit. Preisschwankungen sind einer der größeren Nachteile der meisten digitalen Währungen. Für mehrere Beobachter und Befürworter von Bitcoins als Währung ist es aber eine Selbstverständlichkeit, dass sich die Liquidität von Bitcoins langfristig verbessern wird, und wir schließlich stabilere Wechselkurse sehen werden, welche wiederum eine breitere Akzeptanz von Bitcoin als Alternative (internationale) Währung ermutigen und nachsichziehen wird.

So logisch das Argument auch klingt es läuft leider im Kreis. Zuerst steigt die Liquidität, dann stabilisieren sich die Wechselkurse, daraus folgt eine weitere Anwendung als Währung, was eigentlich der Hauptgrund und Voraussetzung ist damit die Liquidität überhaupt signifikant steigt.

"Ob Krypto-Währungen besser sind als die heutigen Fiat-Währungen für die heutigen Zahlungsprobleme und Anwendungen ist nicht wirklich interessant. Das ist als würde man sagen, dass das Auto ein schrecklicher Ersatz für das Pferd ist und eine unmögliche Art einen Pflug zu ziehen [noch dazu]. Die Krypto-Währungstechnologie wird [nur] in dem Maße erfolgreich sein, dass sie neue Produkte und

Dienstleistungen ermöglicht, die zuvor unmöglich oder unvorstellbar waren." Richard Brown, IBM UK[100]

Traditionelle Währungen sind nur Geld, es fehlt ihnen die Zahlungsabwicklung. Bitcoin und andere digitale Währungen sind Geld und Zahlungsabwicklung in einem. Und in der Kombination von beidem plus der Möglichkeit der Programmierung (Scripting) letzten Endes weitaus mehr.

Ein sehr überzeugendes Argument für die weitere Verbreitetung und generelle Anwendung von Bitcoin ist, dass dieses System, Anwendungsfälle und Szenarien ermöglicht die mit "normalen Währungen" und in dem traditionellen System undenkbar sind. Neue Anwendungen und Dienstleistungen werden der Hauptgrund für die allgemeine Anwendung von Bitcoins und anderen digitalen Währungen sein, denn das zugrundeliegende Protokoll ermöglicht ungeahnte Produkte und Dienstleistungen welche die eingebaute Währung zur natürlichen Wahl für jeden Transfer zwischen den Nutzern dieser Produkte und Dienstleistungen macht.

5.13 Produkte und Dienstleistungen plus eingebaute Währung

Ein Anwendungsfall der digitalen Währungen der nächsten Generation (Anwendung nicht als Geld) für welche die Block-Chain wie geschaffen ist, ist die eines Notars (eines Registers und Registrars) um Eigentum zu registrieren und Dokumente zu zertifizieren. Anstatt sich auf eine zentrale Behörde oder (physische) Institution zu verlassen, kann die Echtheit eines Dokuments oder Zustimmung zu einem Vertrag über die Block-Chain-Technologie verifiziert werden. Das dezentrale Hauptbuch listet unparteiisch und unfälschbar alle Einträge öffentlichen aus, und bietet hierfür Zeitstempelung und Nutzerverifikation und kann so für alle

---

[100] [http://gendal.wordpress.com/2014/10/05/cryptocurrency-products-and-services-will-determine-adoption-of-the-currency-not-the-other-way-round/]

möglichen Beglaubigungsanwendungen (von Fahrrädern, Autos, Unternehmensanteilen und sogar Ehen) verwendet werden.[101]

Mit der Eintragung des kleinsten Bruchteils einer Bitcoin können sich zwei Benutzer registrieren und gegenseitig übertragen Titel und Werte sowie Nutzungs- und Serviceverträge für jede Art von Eigentum und Leistung.

Verhältnisse, Geschäftsbeziehungen und Verträge „in der realen Welt" können häufig auf deterministische Regeln reduziert werden, welche dann wiederum von einer neutralen, unanfechtbaren Plattform ausgeführt und durchgesetzt werden können. Diese Verträge beinhalten oft (nicht immer) den Austausch von wirtschaftlichem Werten, in der Regel in Form der internen Währung der Plattform.

Andreas Antonopoulus nennt hierzu das Beispiel des Autokaufs (online mit Bitcoin) [102]: "Noch besser und wichtiger ist, das Fahrzeug kann seinen eigenen Titel und Besitzer nachschlangen und verifizieren und sich danach [automatisch starten, öffnen] generell dem neuen Besitzer nutzbar machen. Dieses Konzept wird auch „smartes Eigentum" genannt, das Objekt erkennt selbständig seinen Eigentümer durch Verknüpfung und Referenz zur Block-Chain."

In der weiterführenden „Wirtschaft der Dinge" (economy of things) und dem „Internet der Dinge" (internet of things) können sich Geräte selbsttätig entdecken, verbinden und zusammenarbeiten. Geräte und Anwendungen können sich (durch digitale

---

[101] Und hier schließt sich der Kreis und wir sind wieder bei der Frage von Johann Friedrich Zöllner und Johann Erich Biester ob man die Geistlichkeit weiter zur Eheschließung bemühen sollte. (Die Frage welche Kant's berühmte Antwort nach sich zog.) In unserem Fall lautet nun die Frage: Sollten wir weiter eine Regierung / den Staat mit Eheschließungen belasten? Oder handelt es sich nicht um eine gänzlich öffentliche Angelegenheit welche zertifiziert und beglaubigt werden kann durch das öffentliche Hauptbuch eines dezentralisierten, gänzlich unabhängigen Block-Chain-Systems?

[102] Senate Testimony of Andreas Antonopoulos, Quelle siehe oben

Verechnungssysteme) auch gegenseitig für den Zugriff auf Ressourcen und Informationen bezahlen.

Nach der Bestätigung einer Transaktion über die Block-Chain z.B. mit einem Smartphone, kann dieses Gerät Türen für Wohnungen oder Hotelzimmer öffnen oder den Zugriff auf jede andere Art von Eigentum gewähren.

Ein weiteres Beispiel betrifft die Vereinfachung des Handels mit Firmenanteilen: CoinPrism / ChromaWallet können bereits jetzt verwendet werden, um Aktien von Unternehmen auf der Block-Chain ausgeben, zu handeln und einem Besitzer zuzuordnen, ohne die Notwendigkeit aller anderen zusätzlichen Verfahren und Prozeduren, welche im traditionellen Aktienhandel und Bankensystem durchlaufen werden müssen. Dieser Anwendungsfall hat nichts mit der Währung zu tun. Die Bitcoins werden als Transportschicht verwendet. Das Bitcoin Scripting-System ermöglicht es Nutzern, verbindliche Kauf- und Verkaufsangebote zu machen, ohne dass eine zentrale Börse und deren Unterhalt nötig wäre.

Die Kombination von Zahlungsprotokoll und Währung in einem, welche auch noch programmiert werden kann (Scripting) erlaubt die Möglichkeit der Automatisierung aller Arten von Finanztransaktionen (egal wie kompliziert und wie international). Die Einführung einer solchen Technologie in unser heutiges Finanzsystem ist äquivalent mit Einführung der Dampfmachine bzw. des Verbrennungsmotors oder dem elektrischen Stroms in der industriellen Produktion vergangener Zeiten. Es wird nicht nur Unternehmen hinwegfegen welche zu lange darauf bestehen das Pferde doch besser sind, sondern ganz neue Wirtschafts- und Industriezweige erschaffen.

Block-Chain basierende Technologie ermöglicht Innovation von Produkten und Dienstleistungen, wie es das Internet zuvor getan hat. Daher ging dieses Buch so weit zu behauptet, das diese Technologie

‹

alle notwendigen Eigenschaften und Qualitäten besitzt eine neue industrielle und sozio-ökonomischen Revolution einzuleiten.

Sebastian Schulze

6 Schlussfolgerung oder warum die Ökonomen weiter skeptisch sind und warum das ganz egal ist

Peter Surda kommentiert[103]: "Warum hassen die Ökonomen Bitcoin?": "Bitcoin macht viele Irrtümer in den (implizite oder explizite) Annahmen der Ökonomen offensichtlich. Die Funktion als Tauschmittel, die Funktion des Geldes, der Konflikt zwischen den Zielen der Banken (Gewerbe- und Zentralbanken) und den "Konsumenten" in unserem Finanzsystem, und so weiter. Dies bewirkt kognitive Dissonanz. Leute mögen nicht mit der Idee konfrontiert werden, dass sie seit Jahren falsch gelegen haben. "

Utopisch, dystopisch oder ganz unwahrscheinlich, der Nutzer und Kunde entscheidet und die Zukunft wird zeigen wie es mit Bitcoin weitergeht. Die digitalen Währungen sind kein Finanzprodukt der Bankeliten und entspringen auch nicht den Wissenschaften. Bitcoin stammen und werden getragen aus der Mitte der Gesellschaft.

Wir brauchen keine Vormünder, keine Ökonomen, Wissenschaftler oder Finanzprofis. Die Blick-Chain ist unabhängig und sie ist stabiler als alles andere.

Nie zuvor in der Geschichte dieses Planeten, wurde Einzelpersonen und wurde dem normalen Bürger die Wahl gelassen zu bestimmten mit und in welchem Finanzsystem, mit welcher Geldpolitik und welchen Niveau an Transparenz er regiert werden möchte, in welchem System er gern leben und arbeiten will. Zu ersten Mal haben wir jetzt diese Wahl, zur Abstimmung mit den Füßen (mit unserem Geld).

Lassen Sie uns mit Bedacht wählen. Lassen Sie uns kein Vieh mehr sein welches von untreuen Schäfern gehütet und dann geschoren wird.

---

[103] [http://bitcoinmagazine.com/10702/economists-hate-bitcoin/]

„Habe Mut, dich deines eigenen Verstandes zu bedienen!"

Habe Mut deine eigene Bank zu sein!

7 Short resource list

7.1 Link List (related websites, news, tools)

[www.bitcoin.org]
Website of the Bitcoin foundation

[https://en.bitcoin.it/wiki/Main_Page]
Bitcoin Wiki maintained by the community.

[https://blockchain.info/]
Bitcoin block chain explorer

[http://ripplebot.com]
Lets you look up Ripple addresses, see their transactions, offers made
and cancelled, trust lines, limits, etc.

[http://coinmarketcap.com/]
Lists most known crypto-currencies sorted by their market share and
price and offers graphs concerning their current and past exchange
rate.

[www.howtobuybitcoins.info]
Link list of places / exchanges to buy Bitcoins (and other currencies)
for individual countries (worldwide). Lists also payment and transfer
methods

[http://bitcoincharts.com/]
Provides financial and technical data related to the Bitcoin network.

[www.coindesk.com]
News provider on prices and information on Bitcoin and other digital
currencies.

[cointelegraph.com]
News provider, analysis, review on bitcoin and other digital
currencies.

[https://www.coingecko.com/en]
CoinGecko is a crypto-currency ranking chart app that ranks digital currencies by developer activity, community, and liquidity.

[https://coinist.co]
Offers expert and user ratings of currencies, protocols and assets. Crypto-currency "Rating Agency"

7.2 Password generators

use at your own risk

[http://passwordsgenerator.net/]

[https://identitysafe.norton.com/password-generator]

[https://www.grc.com/passwords.htm]

7.3 Books on the problems with the old system

Books that are dealing with the inherent issues of the legacy system: fractional reserve, central banking, government administered, politically controlled, not stable, not secure, economic exclusion and self-made macro-economic disasters.

Miyazaki, Hirokazu: **Arbitraging Japan: dreams of capitalism at the end of finance**, University of California Press, Berkley, 2013, ISBN 978-0-520-27347-4

James Rickards: **Currency Wars**: The Making of the Next Global Crisis (Aug 28, 2012)

James Rickards: **The Death of Money**: The Coming Collapse of the International Monetary System (Apr 8, 2014)

Sara Eisen: **Currencies After the Crash**: The Uncertain Future of the Global Paper-Based Currency System (Oct 23, 2012)

Matthew A. Hinde: **The Money Myth** - How the Current Financial System Really Works: and Why We Need to Change It. (Jan 6, 2014)

Arthur Cohn: **Kann das Geld abgeschafft werden?** (Feb 15, 2014)

Michael Goodwin, David Bach: **Economix: How Our Economy Works** (and Doesn't Work), in Words and Pictures (Sep 1, 2012)

Mann, Ian, **Hacking the human**: Social Engineering Techniques And Security Countermeasures, Gower Publishing, 2008, ISBN: 978-0-566-08773-8

Eric M. Jackson, **The Paypal Wars**: Battles with eBay, the Media, the Mafia, and the Rest of Planet Earth, 2004, ISBN: 0974670103

Fred L. Block, **The Origins of International Economic Disorder**: A Study of United States International Monetary Policy from World War II to the Present, 1978, ISBN: 0520037294

C. Bresciani-Turroni, **The Economics of Inflation**, Augustus M. Kelley, New York, 1968 reprint of 1937 edition

7.4 Books on Virtual Currencies and Bitcoin as an alternative

Testimony of Andreas M. Antonopoulos before: THE STANDING SENATE COMMITTEE ON BANKING, TRADE AND COMMERCE, OTTAWA, Wednesday, October 8, 2014, Evidence Transcript Document: BANC 51627, 1610- 1

link: http://www.parl.gc.ca/SenCommitteeBusiness/CommitteeTranscripts.aspx?parl=41&ses=2&Language=E&comm_id=1003 [41st Parliament, 2nd Session (October 16, 2013 - Present)]

Bryan Keen: **BITCOIN GUIDE FOR BEGINNERS**: Unmasking the currency that has created millionaires out of few dollars investment (Jul 25, 2014)

Daniel Kerscher: **Handbuch der digitalen Währungen**: Bitcoin, Litecoin und 150 weitere Kryptowährungen im Überblick (Augt 26, 2014)

Alex Nkenchor Uwajeh: **Bitcoin and Digital Currency for Beginners**: The Basic Little Guide (Jun 4, 2014)

Dr. Raju Oak and Charmaine Oak: Virtual Currencies - From Secrecy to Safety: **The Evolving Landscape in the Bitcoin Era** (Aug 29, 2014)

Edward Castronova: **Wildcat Currency**: How the Virtual Money Revolution Is Transforming the Economy (Jun 3, 2014)

Jose Pagliery: **Bitcoin: And the Future of Money** (Sep 1, 2014)

Pierre Noizat: **Bitcoin, monnaie libre** (Sep 9, 2012)

Andreas M. Antonopoulos: **Mastering Bitcoin**: Unlocking digital crypto-currencies (Nov 25, 2014)

Philippe Herlin: **La révolution du bitcoin** et des monnaies complémentaires August 19, 2014

Daniel Forrester, Mark Solomon: **Bitcoin Explained**: Today's Complete Guide to Tomorrow's Currency (Mar 12, 2014)

Chris Clark: **Bitcoin Internals**: A Technical Guide to Bitcoin (Jun 15, 2013)

Michael Caughey: Bitcoin Step by Step (Nov 10, 2013)

Sam Patterson: **Bitcoin Beginner**: A Step By Step Guide To Buying, Selling And Investing In Bitcoins (Dec 4, 2013)

Mike Fishbein: Bitcoin 101: The **Ultimate Guide to Bitcoin** for Beginners: Bitcoin Market, Crypto-currency and Bitcoin Basics (May 28, 2014)

Brian Kelly, **The Bitcoin Big Bang**: How Alternative Currencies Are About to Change the World, 2014

7.5 Videos relating to Bitcoin

The real value of bitcoin and crypto currency technology - **Bitcoin Properly**:
http://www.youtube.com/watch?v=YIVAluSL9SU#t=355

Video of the testimony of Andreas M. **Antonopoulos** before the Senate of Canada about Bitcoin (Oct 8, ENG)
http://www.youtube.com/watch?v=xUNGFZDO8mM

Bitcoin Crypto-currency **Crash Course** with Andreas Antonopoulos - Jefferson Club Dinner Meetup:
http://www.youtube.com/watch?v=JP9-lAYngi4

What is Bitcoin? And Why Should I Care? - Jeremy Allaire @ MIT Bitcoin Club:
http://www.youtube.com/watch?v=ZloserjZNfM

Bitcoin vs. Political Power: The Crypto-currency Revolution - **Stefan Molyneux** at TNW Conference:
http://www.youtube.com/watch?v=joITmEr4SjY

'Bitcoin steals power from both banks & gangsters'
http://www.youtube.com/watch?v=as_3Pp_yGq4

Everything You Need to Know About Bitcoin
http://www.youtube.com/watch?v=SNssKmeXrGs

8 A list of gateways / exchanges

8.1 General Information

Beware: Data provided might be outdated / incomplete.
In any case do double check addresses and fees with the respective website and the gateways banking partner.

Including gateways in this list is not an endorsement or any comment on their trustworthiness.

Time of compilation: October 2014

Online resources listing major currencies and exchanges with a description of their details:

Coinst: [https://coinist.co/ripple/gateways]

Coinmarketcap: [http://coinmarketcap.com/currencies/views/all/]

Coingecko: [https://www.coingecko.com/en]

8.2 List of selected Bitcoin exchanges (in alphabetical order)

ANX [https://anxpro.com/] [https://anxbtc.com]

Bitfinex [https://www.bitfinex.com/]

BitSource [https://bitsource.org/]

Bitstamp [https://www.bitstamp.net]

BTC-e [https://btc-e.com/]

BTC China [https://www.btcchina.com/]

CampBX [https://campbx.com]

Kraken [https://www.kraken.com/]

Localbitcoins.com [https://localbitcoins.com]

SnapSwap [https://snapswap.eu/]

8.3 List of selected Bitcoin exchanges (with details)

Bitstamp (http://www.bitstamp.net/)

  Currencies traded: XBT, USD

  Contact: info@bitstamp.net

Free SEPA deposit and withdrawal, minimun transfer of 10 €, Astropay

0.5% XBT commission

OKCoin CN (https://www.okcoin.cn/)

  Currencies traded: XBT CNY LTC

  Contact: service@okcoin.com / QQ:800045125

0% trade fees

OKCoin US (https://www.okcoin.com/)

  Currencies traded: XBT CNY LTC USD

  Contact: service@okcoin.com

XBT Trade 0.2-0.1% LTC Trade 0.2-0.1% USD Withdrawal 0.1%

BTC China (https://vip. BTCchina.com/)

Currencies traded: XBT, CNY

Contact: business@BTCchina.com

CNY Withdrawal: 0.38%,
withdrawal amount less than 200 CNY cost 2 CNY fee.

Bitfinex (https://www.bitfinex.com/)

Currencies traded: LTC XBT USD DRK

Contact: support@bitfinex.com

Lake BTC (https://lakebtc.com/)

Currencies traded: BTC, USD, CNY

Contact: LakeBTC@gmail.com / help@LakeBTC.com

0.2% commission, reduced fee for reteweeting

BTC-E (https://btc-e.com/)

Currencies traded: XBT USD EUR GBP RUR CNH LTC NMC …

0.5% commission USD / RUR

ITBIT (https://www.itbit.com/)

Currencies traded: BTC USD EUR SGD

Contact: info@itbit.com

0.5% commission, decreasing scale on large volumes

UrduBit (https://www.urdubit.com)

Currencies traded: PKR, XBT

Trade 0.75% commission, PKR Deposit / Withdrawal 1%

Coniage (https://coinage.ph/)

Currencies traded: XBT, PHP

Currencies traded: support@coinage.ph

0.25% transaction fee

8.4 List of Ripple gateways (in alphabetical order)

A list of Ripple Gateways is available from the Ripple website at [https://support.ripplelabs.com/hc/en-us/articles/202847686-Gateway-Information].

Bitso [https://bitso.com]

Bitstamp [http://www.bitstamp.net/]

btc2ripple [https://btc2ripple.com/]

Coinex [https://www.coinex.co.nz/]

Gold Bullion International [http://www.bullioninternational.com/]

Justcoin [https://justcoin.com/] [closes down 11.11.2014, reopens 24.11.2014]

Kraken / Payward [www.kraken.com]

Panama Bitcoins [http://ptycoin.com/ripple]

Payroutes [https://payroutes.com/]

Rippex [https://rippex.net]

Ripple China [https://trade.ripplechina.net/]

Ripple Fox [https://ripplefox.com/]

Ripple Singapore [https://www.ripplesingapore.com/]

Ripple Trade Japan [http://rippletrade.jp/]

Ripple Union [https://rippleunion.com/]

RippleCN [http://www.ripplecn.com/]

Ripplewise [https://www.ripplewise.com/]

Ripplex [https://ripplex.co.jp]

SnapSwap [https://snapswap.eu/]

The Rock [https://www.therocktrading.com/]

Tokyo JPY Issuer [http://tokyojpy.com/]

Wisepass [https://wisepass.com/]

8.5 Ripple Gateway list in order of jurisdiction

Brazil   Rippex [https://rippex.net]

Canada, KitchenerRipple Union [https://rippleunion.com/]

China   RippleCN [http://www.ripplecn.com/]

China, Shanghai   Ripple Fox [https://ripplefox.com/]

China, Shanghai   Ripple China [https://trade.ripplechina.net/]

EEA / Norway   Justcoin [https://justcoin.com/]

EU / Latvia   SnapSwap [https://snapswap.eu/]

EU / Malta   The Rock [https://www.therocktrading.com/]

EU / Slovenia   Ripplewise [https://www.ripplewise.com/]

EU / UK / Slovenia   Bitstamp [http://www.bitstamp.net/]

EU / UK, London   Wisepass [https://wisepass.com/]

Israel   Payroutes [https://payroutes.com/]

Japan, Hamamatsu   Ripple Trade Japan [http://rippletrade.jp/]

Japan, Tokyo   Ripplex [https://ripplex.co.jp]

Japan, Tokyo   Tokyo JPY Issuer [http://tokyojpy.com/]

Mexico   Bitso [https://bitso.com]

New Zealand   Coinex [https://www.coinex.co.nz/]

Panama   btc2ripple [https://btc2ripple.com/]

Panama   Panama Bitcoins [http://ptycoin.com/ripple]

Singapore   Ripple Singapore [https://www.ripplesingapore.com/]

USA   Gold Bullion International [http://www.bullioninternational.com/]

USA   Kraken / Payward [www.kraken.com]

USA   SnapSwap [https://www.snapswap.us/]

8.6 Ripple Gateways (with details)

Selected gateways are presented below in the following format:

Gateway / Exchange Name (website)

Ripple name: ~

Public Address:

Currencies issued / traded:

Contact:

(withdrawal, transfer fees and limitations)

(Special information)

Ripple network transactions are not charged (but a tiny fraction is taken to prevent spamming)

5 biggest exchanges (showing a market share on [ripplecharts.com]) first, then sorted alphabetically:

Bitstamp (http://www.bitstamp.net/)

  Ripple Name: ~Bitstamp

  Public Address: rvYAfWj5gh67oV6fW32ZzP3Aw4Eubs59B

  Currencies issued: BTC, USD

  Contact: info@bitstamp.net

Free SEPA deposit and withdrawal, minimun transfer of 10 €, Astropay

International bank transfer (not SEPA): 0.09% fee, minimum fee is $15.00
(minimum withdrawal is $50.00)

Special: 2-factor authentication available, location: Slovenia / UK, cooperating bank: www.rbinternational.com (Raiffeisen Bank)

RippleCN (http://www.ripplecn.com/)

Ripple Name: ~RippleCN

Public Address: rnuF96W4SZoCJmbHYBFoJZpR8eCaxNvekK

Currencies issued: BTC, CNY

Contact via QQ: 2849481838

Withdrawal fee: 0.3%, at least 2 CNY maximum 300 CNY

Paypal withdrawal, Chinese Bank withdrawal

Ripple China (https://trade.ripplechina.net/)

Ripple Name: ~RippleChina

Public Address: razqQKzJRdB4UxFPWf5NEpEG3WMkmwgcXA

Currencies issued: BTC, CNY, LTC

Contact: goodx@ripplechina.net / maggie@ripplechina.net

0.6% fee, on Alipay / Tenpay or bank platform.

Shanghai, Hangzhou and Shenzhen

Ripple Trade Japan (http://rippletrade.jp/)

Ripple Name: ~RippleTradeJapan

Public Address: rMAz5ZnK73nyNUL4foAvaxdreczCkG3vA6

Currencies issued: JPY

Contact: info@rippletrade.jp

Deposit Fee for Japan Post or other Japanese Bank transfer: 1% (minimum 100JPY)

Japanese Bank withdrawal fee: 1% plus
(for amount < JPY 30 000 / > JPY 30 000): JPY 258 / 165, except Sumishin SBI Bank: JPY 51

SnapSwap (https://snapswap.eu/)

Ripple Name: ~SnapSwap

Public Address: rMwjYedjc7qqtKYVLiAccJSmCwih4LnE2q

Currencies issued: USD, EUR

Contact: support@snapswap.com

Location: Latvia,
Deposit fee: 0.99% + €0.30 per transaction

Withdrawal fee: 0.99% + €1.00 per transaction

(SmartyCash rechargeable Prepaid Visa card,
without international payment fee, with 5% bonus on purchases,

except cash, promotion period)

btc2ripple (https://btc2ripple.com/)

   Ripple Name: ~btc2ripple

   Public Address: rMwjYedjc7qqtKYVLiAccJSmCwih4LnE2q

   Currencies issued: BTC

btc2 ripple is operated by snapswap

in alphabetical order from here

Bitso (https://bitso.com)

   Ripple Name: ~bitso

   Public Address: rG6FZ31hDHN1K5Dkbma3PSB5uVCuVVRzfn

   Currencies issued: BTC, MXN, USD

   Contact: contact form at website

Coinex (https://www.coinex.co.nz/)

   Ripple Name: ~Coinex

   Public Address: rsP3mgGb2tcYUrxiLFiHJiQXhsziegtwBc

   Stellar Address: gs9HHU3pmkKBuvykhNm6xiK1JKrput9i3K

   Currencies issued: BTC, USD, NZD, AUD

Contact: support@coinex.co.nz

Location New Zealand, Fiat deposit and withdrawal limit: $50,000 per month,
Withdrawal via Ripple /Stellar / Bitcoin / Bank: 0.20 / 0.50 / 0.50 / 1.00% per transaction

International Bank withdrawal: 25 $, cooperating bank: www.bnz.co.nz

Gold Bullion International (http://www.bullioninternational.com/)

Ripple Name: ~GBI

Public Address: rrh7rf1gV2pXAoqA8oYbpHd8TKv5ZQeo67

Currencies issued: XAU

Contact: info@bullioninternational.com

Justcoin (https://justcoin.com/)

Ripple Name: ~justcoin

Public Address: rJHygWcTLVpSXkowott6kzgZU6viQSVYM1

Currencies issued: BTC, LTC, XRP, EUR, USD, NOK, STR

Contact: support@justcoin.com

SEPA/ SWIFT deposit: NOK 20 / 50 NOK

Norwegian domestic transfer free

SEPA / SWIFT withdrawal: 30 / 60 NOK

Daily withdrawal limit: 80 000 NOK

Special: One time password/2-factor authentication available, mCash, location: Norway, cooperating bank: www.dnb.no

Update: Justcoin suspended trade on 29.10.2014 and announced to close on 11.11.2014,
Update #2 announced on 18.11.2014 to reopen under new management of the ANX exchange on 24.11.2014

Kraken / Payward (www.kraken.com)

Ripple Name: **planning to become a Ripple Gateway**, no ETA at present,
(you will be given Ripple / Bitcoin / Stellar adresses to deposit and withdraw)

Currencies traded in the exchange: BTC/XBT, USD, EUR, XVN, LTC, XRP, NMC, XDG, STR

Contact: https://support.kraken.com

Crypto fee schedule until 0.1%, Fiat fee until: 0.35% depending on trade volume of last the 30 days

Payroutes (https://payroutes.com/)

Ripple Name: ~PayRoutes

Public Address: rNPRNzBB92BVpAhhZr4iXDTveCgV5Pofm9

Currencies issued: USD, ILS, BTC, LTC, NMC, PPC

Contact: support@payroutes.com / info@PayRoutes.com

Deposit fees: 5 NIS, withdrawal fees: 40 NIS, EgoPay,
deposit / withdrawal fees: NIS 0.50 + 2.50% / 0, transfer fees: 0.20%

Monthly withdrawal limit: NIS 30 000

Panama Bitcoins (http://ptycoin.com/ripple)

Ripple Name: ~ptycoin

Public Address: rBadiLisPCyqeyRA1ufVLv5qgVRenP2Zyc

Currencies issued: USD, PAB, BTC, LTC, DRK

Contact: info@ptycoin.com / exchange@ptycoin.com /
info@panamabitcoins.com

BTC deposit to Ripple account after 3 confirmations,
or personal a "BTC embassy meeting" also accepting cash at meeting,
USD deposit via ACH no fees from Pptycoin, SnapSwap USD
and Bitstamp USD at 3% deposit fee

Rippex (https://rippex.net)

Ripple Name: ~rippex

Public Address: rfNZPxoZ5Uaamdp339U9dCLWz2T73nZJZH

Currencies issued: BRL

Location: Brasil, Must be citizen with Brazilian bank account to
withdraw,

deposit / withdraw limit per day: R$ 10.000,00,
deposit / withdraw fee: R$ 1,50 + 0,5% / R$ 1,50 + 1,5%,
transfer fee: 0.3%, TED / DOC chargeback: R$ 20

Ripple Fox (https://ripplefox.com/)

Public Address: rKiCet8SdvWxPXnAgYarFUXMh1zCPz432Y

Currencies issued: STR, FMM, CNY

Contact: support@ripplefox.com

Withdrawal/redemption fees: 0.1% (charging at least 2CNY)

Deposit over Alipay / Taobao, QQ group: 389185252

Ripple Singapore (https://www.ripplesingapore.com/)

Ripple Name: ~RippleSingapore

Public Address: r9Dr5xwkeLegBeXq6ujinjSBLQzQ1zQGjH

Currencies issued: SGD, USD, XAG, XAU, XBT

Contact: Support@ripplesingapore.com

Free Gold/Silver/Platinum Bullion storage over Silver Bullion Pte
Ltd,
Location: Singapore, cooperating bank: www.ocbc.com

No Capital Gains Tax due on bullion held in Singapore

No deposit fees, Withdrawal fees (Giro/FAST/MEPS): S$ 5/10/25

Ripple Union (https://rippleunion.com/)

Ripple Name: ~RippleUnion

Public Address: r3ADD8kXSUKHd6zTCKfnKT3zV9EZHjzp1S

Currencies issued: CAD

Contact: help@rippleunion.com / singpolyma@singpolyma.net

deposit or withdraw max. CAD 150 via Interac e-Transfer
to your Ripple Wallet (fee: 2 CAD)

Ripplewise (https://www.ripplewise.com/)

Ripple Name: ~ripplewise

Public Address: ra98sfbmYvVF9AQWKS3sjDBBNwQE85k2pE

Currencies issued: BTC, USD

Contact: support@ripplewise.com

Ripplex (https://ripplex.co.jp)

Ripple Name: ~ripplex-llp

Public Address: r9ZFPSb1TFdnJwbTMYHvVwFK1bQPUCVNfJ

Currencies issued: JPY

Contact: contact@ripplex.co.jp

Deposit / withdrawal fee: 1.08% (during promotion 0%),
Flat fee for Japanese bank withdrawal: 540 JPY

The Rock (https://www.therocktrading.com/)

Ripple Name: ~therock

Public Address: rLEsXccBGNR3UPuPu2hUXPjziKC3qKSBun

Currencies issued: BTC, LTC, NMC, PPC, DOGE, EUR, USD

Contact: info@therocktrading.com

SEPA withdrawal <1000 / >1000 €: 1 / 4 €

EGOpay, OKpay, stock exchange included

location: Malta, cooperating bank: www.bov.com

Tokyo JPY Issuer (http://tokyojpy.com/)

Ripple Name: ~tokyojpy

Public Address: r94s8px6kSw1uZ1MV98dhSRTvc6VMPoPcN

Currencies issued: JPY

Contact: contact form at website

Wisepass (https://wisepass.com/)

Ripple Name: ~Wisepass

Public Address: rPDXxSZcuVL3ZWoyU82bcde3zwvmShkRyF

Currencies issued: USD, BRL, BTC, CAD, CHF, DKK, DOG, EUR, FTC, GBP, JPY, LTC, NOK, SEK

Contact: hello@wisepass.com

Free inbound, Transfer fee: 0.025%

8.7 Banks that use the Ripple Network for international transfers

The banks listend below have joined the Ripple Network and are at present offerening (or might be offering in the future): foreign currency or asset exchange and transfer or other advanced services at rates below the traditonal banks.

Fidor Bank AG Germany (www.fidor.de)

Sandstr. 33
80335 München
Deutschland

info@fidor.de

Bankleitzahl: 700 222 00

BIC: FDDODEMMXXX

"Social banking": offering different boni and incentives
facebook sign up, third party offers with cash back, etc., Prepaid Smart MasterCard,
Full account legitimization (with standard bank account number and IBAN)
only through German PostIdent and registered address in Germany

Cross River Bank (www.crossriverbank.com)

885 Teaneck Road
Teaneck, NJ 07666
United States

info@crossriverbank.com

CBW Bank (www.cbwbank.com)

109 E Main St
Weir, KS 66781
United States

info@cbwbank.com

8.8 Stellar gateways

(detailed description see Ripple gateways above)

Coinex (https://www.coinex.co.nz - based out of New Zealand)

Ripplefox (https://www.ripplefox.com - based out of China)

Justcoin (https://justcoin.com/)

8.9 (Other) Stellar Exchanges

(currently trading the STR/BTC pair)

Bx.in.th (https://www.bx.in.th - based out of Thailand)

BTC38 (http://en.btc38.com - based out of China)

Ybex (https://ybex.co -based in China)

AllCoin (https://www.allcoin.com/)

Stellarix (https://stellarix.pw/#)

Poloniex (https://poloniex.com/exchange/btc_str)

ANXPRO (https://anxpro.com)

Crypto-Trade (https://crypto-trade.com/)

Kraken (https://www.kraken.com)

9 Glossar und kurze Begriffsklärung

9.1 Englisch

51% attack - A situation where the majority of nodes (measured in computing power) release intentionally false data.

Account - Bank account, online account or wallet

Alt-coin - Other alternative digital currencies and protocols

AML - Anti-Money Laundering requirements

Bank - A market place for traditional money and debt. Charging fees for services provided.

Bitcoin (protocol) - Software-based online payment system as first introduced in 2009, distributed (peer to peer) and open source

Bitcoin white paper - A paper authored by Satoshi Nakamoto in November 2008: 'Bitcoin: A Peer-to-Peer Electronic Cash System'.

BitPay - A payment processor for Bitcoins, which works with merchants, enabling them to take Bitcoins as payment

BitStamp - A Bitcoin exchange, located in Slovenia

Block chain - A list of validated blocks, each linking to its predecessor all the way to first block

BTC (digital currency) - A unit of the Bitcoin decentralized virtual currency / Crypto-currency (a more internationally standardise abbreviation XBT was proposed)

Checksum - A checksum is a cross sum or sum of digits for the purpose of detecting errors in longer strings of characters

Client - A desktop, mobile or online program connecting the user to the Bitcoin network, forwarding transactions. (may also include wallet function)

Colored coins - A proposed add-on enabling Bitcoin users to mark a Bitcoin as a share of stock, or a physical asset.

Confirmation - Once a transaction is included in a block, it has "one confirmation".

Convert - Immediate sell or buy order at market rate

Crypto-currency - A Crypto-currency is a medium of exchange using cryptography to secure the transactions and to control the creation of new units.

Cryptography - Codes and ciphers that are the basis for the mathematical problems used to verify and secure Bitcoin transactions

DDoS - A distributed denial of service attack

Deflation - The reduction of prices in an economy over time. When people expect falling prices they stop spending and hoard money. This can have negative, negatively reinforcing effects on an economy.

Destination tag - A number added behind a public address to distinguish user's funds from others accounted for under the same address. Comparable to the practice of using c/o with postal addresses. E.g. "?dt=12356"

Difficulty - Determining how much computation power is needed to verify a block of transactions, it is variable depending on the Bitcoin price.

Exchange - A market that changes one currency into another applying an exchange rate. Charging fees for services.

Fee (Bitcoin) - An excess amount included in each transaction as a network fee or additional reward to the miner

Fiat - Traditional national or regional currencies

FinCEN - The Financial Crimes Enforcement Network, an agency within the US Treasury Department.

Gateway - (In Ripple) a market that can be integrated into the trade client (integrated exchange).

Genesis block - The first block in the block chain, used to initialize the crypto-currency

Inflation - The value of money drops over time, causing prices for goods to increase. The result is reduced purchasing power.

KYC - Know Your Client rules force financial institutions (and exchanges) to require proper identification of users (opposite of trust your customer and presumption of innocence)

Ledger - Consensus between the peers verifies the transaction of digital currency units in a common ledger (the block chain)

Liquidity - The ability to buy and sell an asset easily, without high price fluctuation to occur during the transaction

mBTC - 1 thousandth of a Bitcoin (0.001 BTC)

Microtransaction - Paying a tiny amount for an asset or service, primarily online.

Mining - Creation of new units within a Crypto-currency protocol (if not pre-mined), transfer verification, backbone of the payment system

Mixing service - A service that mixes your Bitcoins with someone else's (also known as a tumbler) potentially used for money laundering

Network - A connection of peers that propagates transactions

Node - A computer connected to the Bitcoin network using a client that relays transactions to other nodes

Open source - Software or protocol code being made publically available, so it can be reviewed

Order book - Orders to buy and sell a fixed amount at a fixed priced are placed in a database at an exchange. A graph can be drawn to visualise the market

OTC exchange - Over the counter exchange, an exchange in which traders make deals with each other directly, rather than relying on a central exchange to mediate between them.

Paper wallet - A printed sheet containing a public Bitcoin address and its corresponding private keys. If safely stored no backup is required on any computer or online. The data on the paper can always be re-imported and used to access funds.

Peer to peer - Peer-to-peer (P2P) computing distributes tasks or work loads between different computers (peers). All peers are equal (equipotent participants).

Private key - A password required so send Bitcoins from one public address to another

Public key - Is the alpha-numeric address of a users funds on the block chain (different protocol = different address)

Pump and dump - Inflating the value of a financial asset that has been produced or acquired cheaply, using aggressive publicity and often misleading statements.

QR code - A two-dimensional black and white picture (dot matrix) representing a sequence of data. QR codes are designed to be scanned by cameras, frequently used to encode website addresses, e-mails, and other public addresses

Die digitale Währungsrevolution

Ripple (protocol) -Deflation based pre-mined payment protocol operated by Ripple Labs Inc.

SEPA - Single Euro Payments Area established through Directive 2007/64/EC of the European Parliament and of the Council of 13 November 2007 on payment services in the internal market

SHA-256 - The cryptographic function used as the basis for Bitcoin's proof of work system

Stellar (protocol) - Inflation based payment protocol operated by the Stellar Development Foundation (a non-profit organization)

STR (digital currency) - A unit of the Stellar decentralized virtual currency / Crypto-currency

Transaction - A transfer of Bitcoins from one address to another

Volatility - The measurement of price movements over time for a traded financial asset

Wallet - A place (client, program) used to send Bitcoin and manage your keys. Online or locally installed repositories that can store keys and can be used to transfer digital currencies (USB wallet, paper wallet, memory wallet, hardware wallet).

XRP (digital currency) – The native unit of the Ripple decentralized virtual currency / crypto-currency / payment protocol

9.2 Deutsch

51% Angriff - eine Situation, wo die Mehrheit der erreichbaren Protokoll-Knoten vorsätzlich falsche Angaben machen (Anteil wird anhand der Rechenleistung gemessen).

Konto – normales Bankkonto, Online-Konto oder Wallet für digitale

Währungen

Alt-Münze - Andere alternative digitale Währungen und Protokolle

AML - Anti-Geldwäsche-Anforderungen

Bank - Ein Marktplatz für traditionelles Geld und Schulden.
Erhebung von Gebühren für alle Dienstleistungen.

Bitcoin (Protokoll) - Software-basiertes Online-Zahlungssystem.
Operiert verteilt (peer to peer) und ist Open-Source. Zuerst
eingeführt im Jahr 2009.

Bitcoin white paper - Ein Artikel von Satoshi Nakamoto der im
November 2008 veröffentlicht wurde: "Bitcoin: Ein Peer-to-Peer
Electronic Cash System".

BitPay - eine Zahlungs-Prozessor für Bitcoins, der Händlern
ermöglicht Bitcoins als Zahlungsmittel anzunehmen und direkt in
ihre Wunschwährung zu konvertieren.

BitStamp - Eine Bitcoin Börse in Slowenien

Block-Chain – (Blockette) Eine Liste validierter Blöcke (Einträge,
Transaktionen) welche aufeinander aufbaut und öffentlich verfügbar
uns einsehbar ist.

BTC (digitale Währung) - Eine Einheit des Bitcoin Zahlungssystems,
dezentrale virtuelle Währung / Krypto-Währung (als eine
international standardisierte Abkürzung wurde auch XBT
vorgeschlagen)

Checksum - Eine Prüfsumme oder Quersumme zum Zweck Fehler
bei längeren Zeichenketten der Erkennung (und zu vermeiden)

Client – (Anwendung) Ein Desktop-, Mobil- und Online-Programm
welches den Nutzermit dem Bitcoin-Netzwerk verbindet, und
Transaktionen weiterleitet. (Kann auch Konto und Wallet

Funktionalität besitzen)

Farbige Münzen – (colored coins) Eine vorgeschlagene Erweiterung welche auf Bitcoin aufbaut und es Nutzern ermöglicht Bitcoin zur Speicherung und dem Handel von jeglicher Art von Repräsentation von Werten (und auch physikalische Dingen) zu verwenden. Zum Beispiel Aktienhandel.

Bestätigung - Sobald eine Transaktion in einem Block verifizierter Transaktionen geschrieben ist hat sie "eine Bestätigung". Mit jedem weiteren Block der danach geschrieben wird (und auf dem vorherigen aufbaut) erhöht sich die Bestätigungsanzahl um 1.

Umwandeln (Convert) - Sofortiger Kauf oder Verkauf einer Einheit, zum aktuellen Kurs

Crypto-Währung - Ein Krypto-Währung ist ein Tauschmittel das durch die Anwendung von Kryptographie, Transaktionen sichert und die Schaffung neuer Einheiten steuert.

Kryptographie - Codes und Chiffren, die als Grundlage für mathematische Probleme verwendet werden (um zum Beispiel Bitcoin Transaktionen zu überprüfen und verifizieren)

DDoS - Eine verteilter Denial-of-Service-Angriff

Deflation - Das Sinken der Preise in einer Volkswirtschaft innerhalb einer bestimmten Zeit. Wenn die Leute fallende Preise erwarten, dient dies als Anreiz Geld bessero zu horten als direkt auszugeben. Dies kann einen sich selbst verstärkenden Effekte negativen auf die Wirtschaft und Warenproduktion haben.

Ziel-Marker- Eine Kennung welche hinter einer öffentlichen Adresse angefügt wird, um Einlagen des Nutzers von anderen zu unterscheiden, die unter der gleichen Adresse abgelegt werden. Vergleichbar mit der Praxis der Verwendung von „zu Händen" bei Postanschriften. Beispiel "?dt = 12356"

Schwierigkeitsgrad - Bestimmung, wieviel Rechenleistung benötigt wird, um einen Block von Transaktionen zu überprüfen, ist variabel in Abhängigkeit vom Bitcoin Preis, steig laber langfristig.

Börse - Ein Marktplatz, der Währung oder andere Vermögenwerte in eine andere Währung unter Anwendung eines Wechselkurses tauscht. Erhebung von Gebühren für Dienstleistungen. Möglicherweise auch integrierte Anwendungsfunktion (Client).

Gebühren (Bitcoin) - Eine sehr kleine überschüssige Menge ist in jeder Transaktion als Protokollgebühr enthalten und wird an den Protokollknoten (Bergmann bzw. Minen-Pool) ausgezahlt

Fiat - Traditionelle nationale oder regionale Währungen

FinCEN - The Financial Crimes Enforcement Network, eine Agentur im US-Finanzministerium.

Gateway - (In Ripple) ein Markt, der in die Ripple Trade Anwendung integriert werden kann (Integrated Exchange).

Genesis Block - Der erste Block in der (Bitcoin) Blockkette, der verwendet wurde, um die Krypto-Währung / das Protokoll zu initialisieren

Inflation - Der Wert des Geldes sinkt bzw. die Preise für Waren erhöhen sich. Die Folge ist eine geringere Kaufkraft.

KYC - Know Your Customer Regeln zwingen Finanzinstitute (und Börsen), eine ordnungsgemäße Identifizierung der Nutzer einzufordern (Gegenteil von Vertraue deinem Kunden und der Unschuldsvermutung)

Ledger – Konsens zwischen den Peers bestätigt die Transaktion digitaler Währungseinheiten in einem gemeinsamen Hauptbuch (der Blockkette) ein Seite (bzw. ein Block) im öffentlichen Register ist der Ledger

Liquidität - Die Zustand bzw. die Fähigkeit einen Vermögenwert oder einer Währung, leicht zu kaufen oder verkaufen, ohne das (hohe und sofortige) Preisschwankungen (während der Transaktion) auftreten.

MBTC – Eintausendstel einer Bitcoin (0,001 BTC)

Mikro-Transaktionen – Die Übertragung einer winzigen Menge einer Währung oder eines Vermögenswertes um Waren oder Dienstleistung (oft online) zu kaufen.

Bergbau, Mining - Schaffung neuer Einheiten innerhalb eines Krypto-Währungs-Protokolls (falls nicht vorher abgebaut, pre-mined), Transfer Überprüfung und Verifikation, Rückgrat eines digitalen Zahlungssystems

Mixing Service - Ein Dienst, der die Bitcoins eines Nutzers mit den Bitocins anderer Nutzer mischt und dann ein equivalentes Volumen abzüglich einer Gebühr zurücküberweist (auch als Waschmachine bezeichnet) kann potentiell für die Geldwäsche genutzt werden

Network - Eine Verbindung von Peers, welches Transaktionen übermittelt

Knoten - Ein Computer der mit dem Bitcoin Netzwerk verbunden ist, die Bergbau-Software ausführt und als Relais Transaktionen und Ergebnisse an andere zu anderen Knoten weiterleitet

Open Source – Der Software oder Protokollcode wird öffentlich zugänglich gemacht, so dass er öffentlich überprüft werden kann

Auftragsbuch - Aufträge zu einem festen Preis zu kaufen oder zu verkaufen werden in der Datenbank einer Börse plaziert. Mit diesen Daten kann ein Diagramm gezeichnet werden welches die Marktsituation visualisiert und z.B. aufzeigt wo sich Angebot und Nachfrage treffen.

OTC Handel – „Über den Tisch" Handel, bei dem Käufer und

Verkäufer (Händler) direkt miteinander handeln, anstatt sich auf einen zentralen Börsenplatz zu treffen welcher zwischen ihnen vermittelt.

Papier Wallet - Ein Stück Papier, welches die öffentliche Bitcoin-Adresse und den entsprechenden privaten Schlüssel enthält. Wenn sicher gelagert, ersetzt es ein Backup auf dem Computer oder im Internet. Die Daten auf dem Papier können jederzeit wieder (re-) importiert um auf Geldmittel zuzugreifen.

Peer to peer – (P2P) Computer/Software verteilt Aufgaben oder Arbeitslasten zwischen verschiedenen Computern (Peers/Einheiten). Alle Einheiten sind gleich (äquipotente Teilnehmer).

Privater Schlüssel – Passwort erforderlich zum Senden von Bitcoins von einer öffentlichen Adresse zu einer anderen.

Öffentliche Adresse – (Public-Key) Ist die alphanumerische Adresse wo die Mittel (Bitcoins) eines Nutzers auf der Blockkette liegen. (anderes Protokoll = andere Adresse, Anderer Nutzer = andere Adresse, Ein Nutzer = mehrere Adressen möglich)

Pumpe und Dump – Das Aufblasen des Wertes (Pump) einer Finanzanlage, die billig erworbenen oder hergestellt worden ist, mit aggressiver Werbung und oder irreführenden Aussagen / falschen Informationen um von solchen Kurssteigerungen zu profitieren (zu verkaufen, Dump)

QR-Code - Ein zweidimensionales Schwarzweißbild (Punkt-Matrix), welches Daten in einer (leicht) maschinenlesbaren darstellt / umwandelt. QR-Codes sind so konzipiert, das sie von Kameras gescannt werden können, sie werden häufig benutzt um Web-Adressen, E-Mails und anderen öffentlichen Adressen darzustellen.

Ripple (Protokoll) – Zahlungsprotokoll, pre-mined, von Ripple Labs Inc. betrieben, Handel von allen möglichen Werten und Währungen möglich.

SEPA - Single Euro Payments Area durch die Richtlinie 2007/64 / EG des Europäischen Parlaments und des Rates vom 13. November 2007 über Zahlungsdienste im Binnenmarkt geschaffen

SHA-256 - Die Verschlüsselungsfunktion welche als Grundlage für der Bitcoinverschlüsselung verwendet wird.

Stellar (Protokoll) – Zahlungsprotokoll welches von der Stellar Development Foundation (eine Non-Profit-Organisation) betrieben wird. Ähnlich zu Ripple, 1% eingebaute Inflation der Geldmenge pro Jahr.

STR (digitale Währung) - Eine Einheit des Stellar Zahlungssprotokoll, dezentrale virtuelle Währung / Krypto-Währung

Transaktion - Eine Übertragung (von Bitcoins) von einer Adresse zur anderen

Volatilität - Die Messung der Preisentwicklung im Laufe der Zeit für einen gehandelten Vermögenswert / Währung

Wallet - Ein Ort (Client-Programm) zum Senden von Bitcoins und um private Schlüssel zu verwalten. Online oder lokal installiert. Ort wo digitale Währungen (USB Wallet, Papier-Wallet , Wallet Speicher, Hardware-Wallet) gespeichert und gesendet werden können.

XRP (digital Währung) - Die interne Einheit des Ripple Zahlungssprotokoll, dezentrale virtuelle Währung / Krypto-Währung.

www.ingramcontent.com/pod-product-compliance
Lightning Source LLC
Chambersburg PA
CBHW071204050326
40689CB00011B/2233